오! 부산

유산으로 본 부산의 미래

상지 Sangji Environment & Architects Inc

오!부산

유산으로 본 부산의 미래

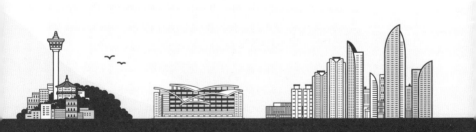

상지
SEA
Sangji Environment
& Architects Inc

목차

허동윤

㈜상지엔지니어링건축사사무소 대표이사로 '건축은 인문에 다름아니다' 라는 생각을 가지고 있다. 2007년부터 열린부산·도시건축포럼을, 2017 년부터 상지인문학아카데미를 운영하고 있다. 2020년부터는 인문 무크지 『아크』를 발간하고 있다. 2023년 부산시 문화상(공간예술 부문)을 수상했다.

『오! 부산』을 펴내면서

허동윤

㈜상지엔지니어링건축사무소 대표이사

초·중·고등학교에 이어 대학을 졸업한 후 예순이 훌쩍 넘은 지금까지 부산에 살면서, 부산에 대해 너무 모르고 있다는 생각을 했습니다. 더구나 부산이라는 도시의 역사성과 특수성에 주목하며 2007년부터 '열린부산·도시건축포럼'을 이끌어온 필자에게 부산의 미래는 늘 숙제처럼 따라다니고 있습니다.

부산을 연구한 책들은 의외로 많습니다. 내용도 방대하고 조사도 많이 했지만 쉽게 읽히지 않습니다. 역사적 자료를 남겨 연구 자료로 쓰이는 책도 중요하지만 누구나 쉽게 읽고 공유할 수 있는 책이 있었으면 했습니다.

2023년 5월 16일 국내 최초로 근대유산 분야 유네스코 세계유산 잠정목록에 '피란수도 부산의 유산'이 공식 등재되고, 같은 해 5월 17일에는 유네스코 세계유산 공식 홈페이지

잠정목록에 게재됐습니다. 유네스코 세계유산 최종 등재를 위해서는 거쳐야 할 절차가 아직 남아 있지만 무엇보다 먼저 해야 할 일은 시민들에게 피란수도 유산의 가치를 알리고 공감대를 형성하는 것입니다. 피란수도와 관련한 유형의 자산과 더불어 지금까지 이어오는 무형의 가치를 함께 알려갔으면 하는 바람을 갖게 됐습니다.

한국전쟁 시기는 물론, 전후 경제 성장과 위기 극복의 중심에 늘 부산이 있었습니다. 경제, 문화, 산업, 전통, 관광, 역사 등 부산만이 가지는 지역적, 기질적 특징은 '해양성'에 있었습니다.

마침, 상지인문학아카데미에서는 상지건축 창립 50주년 특별 인문학강좌를 준비하고 있었습니다. 유무형의 유산을 통해 부산의 현재를 살펴보고 미래에 대해 이야기하는 시간을 부산시민들과 나누기로 했습니다.

경성대 강동진 교수와 국제신문 조봉권 부국장 겸 문화라이프부장, 그리고 상지인문학아카데미가 여러 차례 논의를 거쳐 피란수도 부산의 이야기가 어떻게 이어지고 있는지, 부산의 지형적·역사적 특징이 씨줄과 날줄로 어떻게 짜여 지금을 만들었는지, 그것들을 융합해 우리는 '부산'의 미래를 어떻게 만들어야 하는지에 대한 내용을 준비했습니다.

강동진, 전성현, 우신구, 심상교, 이순욱, 장현정, 차철욱,

유재우, 이승헌, 윤태환, 홍순연, 서용철 등 각 분야의 부산 전문가들이 강의에 참여하고 단행본『오! 부산』필진으로도 참가해주셨습니다.

강의는 2023년 9월부터 2024년 3월까지 격주로 진행됐습니다. 관련 내용은 국제신문 지면에 실었습니다. 강의와 국제신문 지면에 실린 내용을 보완해 다시 글을 써주신 모든 필진께 진심으로 감사드립니다.

「프롤로그」와「부산 유산 1번지, 부산항 이야기」는 경성대 도시공학과 강동진 교수의 글입니다. 강 교수는 부산의 뿌리부터 차근차근 톺아가며 20세기 부산과 21세기 부산에 이르기까지 사회, 역사적 배경을 통해 부산의 유산이 부산의 미래라는 명제에 도전하는 이유와 부산항의 역사가 대한민국 근대사의 '방점'이고, 한국전쟁의 반전을 가져오게 했던 '전환점'이자 국제물류도시 부산의 '출발점'이라고 얘기합니다.

「대한민국의 새로운 시작, 구호와 재건의 도시 부산」은 동아대학교 사학과 전성현 교수의 글입니다. 전 교수는 국제구호지원과 인류애에 맞춰 한국전쟁 이후 부산이 구호와 재건을 통해 대한민국의 위기를 극복했으며 이제는 원조하는 나라로 성장했다며 대한민국은 부산으로부터 다시 시작됐음을 여러 사례를 통해 보여줍니다.

「피란의 공간, 착란의 도시」는 부산대학교 건축학과 우신구 교수의 글입니다. '부산의 도시공간에 새겨진 생존과 희망의 공간적 서사'라는 부제에서 알 수 있듯, 부산이 다양한 모습을 가지게 된 계기와 그로 인해 나타난 건축적 변화를 살펴봅니다. 아미동, 감천, 영주동 산복도로 등 피란민이 모여 만든 마을, 개항 이후 광복과 전쟁, 그리고 산업화를 겪으며 만들어진 공간적 서사에 대한 이야기입니다.

「부산의 흥」은 '채찍으로 팔방을 가리키며'라는 부제가 달려 있는 부산교육대학교 국어교육과 심상교 교수님의 글입니다. 백오십 년 전쯤 동래지역에서 시작된 동래야류, 수영야류의 흥부터 조용필의 <돌아와요 부산항에>와 문성재의 <부산갈매기>에 실린 흥, 그리고 동해안 별신굿에 이르기까지, 한스러운 슬픔이 타자와 어깨를 걸고 새로운 삶의 흥으로, 부산의 흥은 서서히 물결처럼 시작되어 결국 거친 파도가 되어 삼키려는 듯 달려든다고 표현했습니다.

「한국전쟁기 피란수도 부산과 문화 르네상스」는 부산대학교 국어교육과 이순욱 교수의 글입니다. 문학, 음악, 미술, 무용, 영상, 사진 등 한국전쟁기 부산은 문화예술의 중심 지역으로 전시 담론과 국민 형성 담론을 가파르게 생산하면서 문화예술의 부흥기를 누렸다며 그것이 부산 문화의 밑거름이 되어 새로운 성장 동력을 확보했다는 것을 부인할 수 없다고 했습니다.

「문화의 기수역(汽水域), 부산의 힘」은 ㈜호밀밭출판사 장현정 대표의 글입니다. 장 대표는 부산의 힘은 이질적인 것들이 자연스레 섞여 공존하는 다양성으로 시작해 스스럼없이 만나 서로 소통하는 혼종성에 있다 합니다. 부산이 가진 문화의 독특한 위상을 시대별, 장르별로 다양하게 살펴보고 있습니다.

이어 펼쳐지는 글은 부산대학교 한국민족문화연구소 차철욱 교수의 「부산 사람의 기질」입니다. 차 교수는 오늘날과 같이 많은 사람들의 이동이 빠르게 진행되는 시점에서 공통점을 찾아내는 일은 어렵고 무모할지 모르겠지만 부산 사람들이 만들어 온 역사를 통해 부산 사람의 기질에 대해 이야기합니다. 위에 소개한 다른 필자들의 글을 보고 나면 차 교수의 글이 훨씬 크게 와 닿습니다.

「부산 공동체를 위한 살림의 집을 향하여」는 부산대학교 건축학과 유재우 교수의 글입니다. 살림을 살리는 집에 대한 이야기를 해방 이전부터 지금까지 시대별로 살펴 부산의 삶을 더 행복하게 만드는 미래의 집까지 상상하며 실천적 결단이 필요함을 역설합니다.

「레이어드 도시, 부산의 건축」은 동명대학교 실내건축학과 이승헌 교수의 글입니다. 인구 350만의 대도시에 산과 강이 엉켜있는 지형적인 특징, 짧은 기간 겪은 근현대사의 드라마틱한 여러 사건, 과거 역사가 남긴 충돌의 흔적들과 산업화를 이룩하기 위한 억척같은 노동의 잔재들, 첨단 미래 도시로의 열망이 도시 곳곳에 뒤섞여 있는 곳이 부산입니다. 바다, 전쟁, 골목, 영화, 경계라는 다섯 가지 켜를 바탕으로 다양하게 레이어드 되어 있는 도시 부산의 켜를 더듬어 살펴보고 있습니다.

「지역 관광, MICE산업 그리고 해양문화」는 동의대학교 호텔컨벤션경영학과 윤태환 교수의 글입니다. 제목에서 드러나듯 MICE산업과 관광 목적지로서 부산의 경쟁력 강화에 대한 방법과 해양도시 부산의 다양한 관광상품 개발과 해상 공간 활용에 대해 이야기합니다. 해양수도를 표방하는 부산이 진정한 해양수도 해양관광의 도시가 되기 위해서는 먼저 우리 생활 깊숙이 해양문화가 들어와야 하며, 광역적 관점에서 재정비가 필요하다고 제안합니다.

「지역의 연결자 로컬 브랜딩」은 ㈜로컬바이로컬 홍순연 대표의 글입니다. 로컬 브랜딩은 '우리 동네, 우리 지역이 살아남을 수 있을 것인가'라는 생존 문제에 대한 고민과 그 대응 방법으로 시작했습니다. 홍 대표는 로컬 브랜딩을 지역커뮤니티 중심의 라이프스타일 구축이라는 말보다 우리 동네 작은 스토리를 발굴하여 브랜드화하는 것에 주목하라고 이야기합니다. 서부산, 영도, 망미동 등 부산의 곳곳에서 벌어지고 있는 로컬 브랜딩의 사례와 연결이 자연스럽게 지역의 눈높이와 일자리, 정주여건, 관광, 콘텐츠까지 확장되고 지역과 지역까지 연결될 수 있다고 이야기합니다.

마지막은 「글로벌 허브도시 부산의 미래 첨단산업」입니다. 부산과학기술고등교육진흥원 서용철 원장의 글로, 부산의 산업과 경제 성장의 과거를 돌아보고 이를 바탕으로 미래 신산업에 대한 방향과 가능성을 살펴봅니다.

이 책은 필자가 받은 지난해 부산광역시 문화상(공간예술 분야) 시상금을 특별한 작업에 쓰고자 발간하게 되었습니다.

단편적으로 막연하게 알고, 느끼고 있던 부산이라는 도시가 총 12명, 13편의 글을 통해 좀 더 깊숙이 다가오는 경험을 했습니다.

유산과 현재는 미래로 연결됩니다. 각 분야에서 살펴본 『오! 부산』이 널리 읽혀 부산을 이해하고 사랑하는 데 도움이 됐으면 합니다. 나아가 부산이 진정한 해양수도 부산으로, 거듭나기를 바랍니다.

오! 부산

유산으로 본 부산의 미래

프롤로그

강동진
경성대학교 도시공학과 교수

역사환경 보전에 중심을 둔 도시설계를 배웠고, 현재 경성대학교 도시
공학과에 재직 중이다. 근대유산, 산업유산, 세계유산, 지역유산 등을
키워드로 하는 각종 보전방법론과 재생 방안을 연구하고 있다. 지난 20
여 년 동안 영도다리, 산복도로, 캠프하야리아, 북항, 동천, 동해남부선
폐선부지, 피란수도부산유산 등의 보전운동에 참여하였다. 현재 문화재
청 문화재위원, 이코모스 한국위원회 이사 등으로 활동하고 있다.

프롤로그

강동진

경성대학교 도시공학과 교수

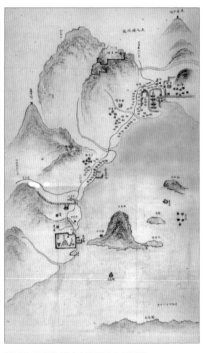

19세기 말, 동래와 부산을 설명하는
동래부산고지도(東萊釜山古地圖)
ⓒ국립중앙박물관

부산의 공간적 형상이 뚜렷하게 표현된
1872 군현지도, 두모진지도
ⓒ디지털부산문화대전

1.

부산의 뿌리는 동래다. 동래는 신라시대부터 있었던 아주 오래된 도심이라 하여 고도심(古都心)이라 부르기도 한다. 지리적으로 동래는 낙동강과 수영강을 좌우로 하고, 금정산을 북으로 또 백양산과 황령산을 남으로 두었다. 그래서 동래는 강과 산들로 넓게 위요된 천혜의 요새와도 같았다. 동래읍성은 그 중심 지대에 마치 새 둥지와 같은 형상으로 자리 잡았다.

어떤 도시든 완벽할 순 없다. 아킬레스건이 있기 마련이다. 고대사회에 있어 강은 생태적인 속성을 넘어 물의 공급과 물자 유통, 그리고 이동을 위한 매우 소중한 자산이었다. 물자와 사람이 모이는 곳, 즉 강줄기들이 모이는 곳에 성읍이 성립될 수밖에 없었다. 그곳은 정치와 경제의 중심이 되었으니, 강은 간혹 침탈을 위한 루트로 돌변하기도 했다. 그래서 조선은 낙동강의 끝점에 다대진을, 수영강이 끝나는 지점에 수영성을, 그리고 동천 하구가 내려다보이는 증산에 요새 같은 부산진성을 설치했다(17세기에 현 장소로 이전).

부산(釜山)이란 지명은 증산의 부산진(성)과 연결된 명칭이다. 성으로 둘러쳐진 증산의 형상이 마치 거대한 가마솥을 닮았다 하여 가마 부(釜)에 메 산(山)을 결합한 이름이다. 어찌 되었든 가마솥을 닮은 삼각 모양의 산들이 배경이 되고, 그 앞 바다를 사이에 둔 길쭉한 선형 지대가 바로 '19세기까지의 부산'이었다.

15세기 초반, 富山으로 표기된 부산 ⓒ국립중앙박물관 e뮤지엄

이러한 '부산'을 최초로 명기하고 지리적 여건을 설명한 지도는 조선 성종 5년(1474년), 신숙주의 『해동제국기』에 보이는 목판본 지도인 '동래부산포지도(東萊富山浦之圖)'라 한다. 지도 속에 동래관(東萊官)은 정방형의 완전성을 가진 사각형 형태로 묘사되며, 북항으로 흘러드는 동천을 중심에 두고 마비을현(馬飛乙峴), 동평현(東平顯)의 지명과 왜관(倭館), 영청(營廳), 견강사(見江寺) 등의 공간과 지명이 등장한다. 여기에서 가장 눈길을 끄는 것은 15세기 부산의 표기명이 '釜山'이 아

니라 '富山'으로 표기된 점이다. 그 연유를 여러 갈래로 생각해 볼 수 있으나, 어찌 되었든 15세기 당시 부산은 동래관(성)에서 바다 쪽으로 펼쳐지며 금정산과 백양산으로 한정된 공간, 즉 동천 물줄기를 중심으로 연계된 부산포 해안 일대가 부산의 원형(原形)이었다.

부산의 지형지세와 자연환경, 공간구조와 지명 등에 있어 정확도를 자랑하는 '동래부산고지도(東萊釜山古地圖)'는 19세기 말 동래를 포함한 부산 상황을 설명하는 최고의 지도로 평가된다. 널찍하게 표현된 지도 속으로 들어가 본다. 지도 중간중간에 큼지막한 글씨로 적힌 지명들이 당시 행정단위인 면(面)을 뜻한다. 중심지인 읍내면(邑內面)을 비롯하여 북면(北面), 서상면(西上面), 서하면(西下面), 동상면(東上面), 동하면(東下面), 사상면(沙上面), 사하면(沙下面), 남촌면(南村面), 부산면(釜山面), 동평면(東平面) 등이 표기되어 있다.

지도 중심에 자리한 읍내(면)는 지금의 동래다. 동그란 읍성의 형상이 매우 뚜렷하고 동서남북으로 성문들이 자리한다. 이름이 적혀있진 않지만 성내에는 동헌, 충신당, 객사, 봉래관 등이 정확하게 그려져 있다. 성 밖 민가들과 그곳의 지형을 보니 온천천이 마치 성을 보호하던 해자를 닮았다. 읍내를 의미하는 연노란색 지역이 온천천을 넘어 지금의 연산

로터리 근처까지 뻗어 있다.

동래와 구분 지어 부산을 이해하려면 해안 쪽 사하(면), 부산(면), 남촌(면)에 집중해야 한다. 사하(면)는 강과 바다가 만나 물자와 교류가 풍성했지만, 다대진을 중심으로 한 군사 지대이기도 했다. 공간적으로 사하(면)와 대각을 이루는 남촌(면)은 좌수영성을 중심으로 황령산과 배산, 그리고 백산으로 위요된 분지의 형상을 가졌다. 평시에는 물자가 풍부했던 정주지였지만, 성 앞의 군선들로 보아 유사시에는 군사 지대였음을 알 수 있다.

부산(면)의 영역은 오륙도가 있는 용당과 우암에서 시작하여 문현과 전포, 신암과 부산진성이 있는 동천 하구언, 초량 왜관 일대, 그리고 바다 건너 절영도까지 이르렀다. 지역 전체를 연결하는 붉은색 해안 길들이 흥미롭다. 동래성에서 시작된 길이 계곡을 따라 내려오다 부산진성을 지나면서 해안부 마을들을 연결한다. 부산진성과 부산포, 그리고 설문, 객사, 성신당을 지나 왜관의 수문으로 이어지는 길의 모습이 지금의 영선 고갯길과 흡사하다.

이처럼 동래부산고지도에는 사하~부산~남촌으로 이어지는 해안 관방 시설들의 입지가 정확히 드러나 있고, 이기대~오륙도~부산진~왜관~절영도로 이어지는 소담스러운 바다가 유난히 눈에 들어온다. 그 모습이 마치 커다란 호수 같기도 하다. 지도를 그렸던 조감자의 시선이 궁금해진다. 부산이 어떤 곳이고 미래에는 어떤 지역이어야 하는지를 상상하고 있는 듯하다. 우연처럼 동래부산고지도가 그려진 그즈음부터 부산의 지도들 대부분은 부산항을 중심으로 그려지기 시작한다.

2.

20세기에 들어 부산은 동래와 통합되며 '대도시 부산'으로 성장해갔다. 부산은 우리나라 동남쪽 '끝'에 자리한다. 중심에 벗어나 있는 끝은 세상이 주는 여러 혜택에서 멀어져 있는 것 같지만, '종점(終點)의 경제학'이란 말이 있듯 끝이 가진 장점과 매력은 무궁무진하다. 국토의 끝단인 부산은 남쪽으로 뻗어 내린 산맥 줄기들 사이로 연결된 도로망과 철도망의 끝점들이 모이는 곳이자 넓은 바다와 미지의 세계를 향한 새로운 시작점이기도 하다. 지난 역사 속에서도 드러나듯 이러한 입지 여건은 부산을 우리나라의 '변방'(on the edge)이 아닌 '첨단'(on the cutting edge)이 되게 했다. 이러한 관점에서 정확히 이해할 것이 있다. 언제부터 그런 역할을 시작했느냐에 대한 논의다. 일반적으로 이 기점을 강화도조약이 체결된 1876년으로 여긴다. 그러나 첨단으로서의 역할을 알렸던 시계추는 한참이나 뒤로 돌려놓아야 한다.

1407년(태종 7년)은 부산에 있어 대변혁의 해로 생각할 수 있다. 왜의 침략을 근원적으로 막고 제어하기 위한 조선 정부의 결단, 즉 이포개항(二浦開港)으로 기록되는 자주적 개항의 원년이었다. 그 이포가 바로 부산포와 내이포(진해항)였다. 1872년에 그려진 '두모진지도(豆毛鎭地圖)'는 연안을 중심으로 발달했던 19세기 부산의 모습을 가장 정확히 표현한 지도라 할 수 있다. 지도 속의 부산은 분명 동래의 변방 같아 보이지만, 한편으론 조선의 첨단 지대였음을 상상하고도 남음이 있다.

이후 염포(울산항)를 포함한 삼포개항, 1510년 삼포왜란, 1512년 임신조약, 1544년 사량진왜변 등을 거치며 왜와의 국교 단절과 재개가 반복되는 혼란스러운 과정 속에서도 부산포의 역할은 변하지 않았다. 혹독했던 전쟁(임진왜란)을 치른 후에도 그 행보는 계속되었다. 1607년 부산포의 바로 곁에 두모포왜관이 최초 설치되었고, 이후 왜관 역사는 네 차례 이전을 거치며 1872년까지 지속되었다. 가장 중요한 왜관은 1678년 계해약조(癸亥約條)를 계기로 조성된 초량왜관이었다. 초량왜관은 198년 동안 존속하며 조선왕조의 외교와 무역의 첨단기지이자 국방의 보루로서의 기능을 다했다.

조선시대의 외교는 중국에 대한 사대 정책과 중국 이외의 나라, 특히 왜에 대한 교린(交隣) 정책으로 대별된다. 왜관은 일인들의 무역 공간이었지만, 조선 정부의 교린 정책의 일환으로 조성과 수리가 이뤄졌던 사실상 조선의 소유 및 관리공간이었다.[1]

초량왜관에 있어 가장 중요한 그림이자 하이라이트는 동래화원 변박(卞璞)이 1783년에 그린 '왜관도(倭館圖)'이다. 사실적으로 표현된 그림 속 건축물을 세어 보니 총 56개에 달한다. 그림에는 80여 명의 사람들, 그것도 남자들만 등장한다. 옷 모양새로 보아 서너 명은 조선인들로 추정된다. 시장이 열렸던 개시대청, 선창에서 왜관으로 들어오던 수문 주변에 서 있는 칼을 찬 왜인들과, 상거래 중인 동래 상인들도 보인다.

호기심이 발동한다. 그들은 무엇을 위해 이곳에 왔고 또 교류했을까? 생각이 이쯤에 달하면 이들이 오갔던 동북아시아의 해상 정세가 궁금해질 수밖에 없다. 왜와 포르투갈의 인연은 1543년에 시작되었다. 임진왜란 때 왜가 사용했던 조총도 포르투갈이 전해준 것이었다. 연이어 네덜란드가 개입

---

1 이러한 사실은 부산박물관에서 2017년 학술연구총서로 집대성한 「초량왜관: 교린의 시선으로 허하다」에서 자세히 확인할 수 있다.

했다. 1634년 나가사키의 개항장이었던 '데지마(出島)'의 역사가 1859년까지 진행되었다. 17~19세기는 탐욕스러운 서구 열강들의 식민시대가 활성을 이루었던 시기였다. 동북아시아도 영향권에 속했고, 서구 상인들은 왜의 은을 구하려 나가사키까지 오르내렸던 것이다.

그때의 부산(浦)은 동북아시아 무역 루트 상의 중요 거점으로 기능했던 것으로 보인다. 당시를 상상해 보면, 제법 많은 배들이 부산포(동쪽)와 초량왜관(서쪽) 사이의 바다(현재의 북항)를 오가며 무척이나 바빴을 것 같다. 그 바쁨이 어떤 때에는 긴장감으로 또 기대감과 호기심으로, 또 어떤 경우에는 두려움으로 돌변하기도 했을 것이다.

고무적인 사실이 있다. 이포개항 후 부산포가 문을 닫았다는 기록이 발견되지 않은 것이다. 조선통신사의 출항과 귀항, 심지어 1592년 이순신 장군의 승전 중 네 번째 해전인 부산포해전의 주 무대가 바로 부산포 앞바다였으니, 조선에 있어 부산(浦)이 지닌 의미는 실로 대단했다고 할 수 있다. 부산포를 부산항으로 연결시키면 그 역사가 무려 616년에 이른다. 왜 문을 닫지 않았을까? 비록 왜라는 한 나라만을 상대한 것이었지만 조선에 있어 부산(浦)의 역할은 명료했다. 해상의 말썽꾼이던 왜를 성신교린(誠信交隣)의 정신으로 제어하기 위한 것이었다. 이렇게 보니 부산은 조선의 호국을 위한 교류와 평화의 도시로도 이해할 수 있겠다.

이렇게 부산을 설명할 수 있는 또 다른 이유는 초량왜관의 존속 기간(1678~1872)이 1607년부터 1811년까지 총 12차례 일본으로 문물을 전했던 조선통신사의 파견 기간과 거의 중첩되기 때문이다. 조선통신사는 약 한 달 동안 부산에서 체류한 후 부산포 영가대에서 용신제를 올린 후 왜로 출발했다고 한다. 기록에 의하면 조선통신사의 전체 규모는 약 500명이었고 큰 배 6척이 선단을 이루었다고 한다. 통신사 일행은 부산에서 필요한 각종 물자를 수급하고 대동할 100여 명의 인부를 구했다 하니, 그 한 달 동안의 부산은 매우 떠들썩했을 것 같다. 조선통신사의 출항은 개략 이십 년마다 반복되었으니, 그 과정에서 부산에 남겨진 혜택은 상당했을 것이다. 큰 배를 건조하거나 수리를 했으니 조선술 발달이 있었을 것이고, 긴 항해를 마친 선원들의 항해 능력은 일취월장했을 것이다. 또한 그 배가 일상 시에는 어선으로 활용되었을 터이니 부산의 어업 발전에도 분명 기여했을 것이다.

안타깝게도 부산포는 매립으로 사라졌고, 초량왜관의 건물들도 현존하지 않는다. 일제강점기와 한국전쟁 그리고 70~80년대까지 급속한 개발 시대를 거치면서 부산의 원도심[2] 지역은 여느 지역보다 급속하고 빠른 변화를 받아들여야 했다. 이 과정에서 조선시대의 원형을 가진 건물이나 조형성은 유실될 수밖에 없었다. 그나마 기반 시설들인 계단, 석축, 비석 등의 석조 구조물들 몇 점만이 곳곳에 남아있을 뿐이다.

초량왜관을 예로 들어 본다. 조선시대에 그려졌던 각종 도면들과 지도들, 그리고 일제강점기의 자료들을 현재 상황과 정교하게 중첩시켜 보니, 놀랍게도 동관 쪽은 현재의 공간구조와 거의 일치한다. 즉, 동관에 해당하는 광복동과 남포동에 남아 있는 길들은 17세기 이후 형성된 초량왜관의 길인 것이다. 서관도 마찬가지이다. 국제시장과 부평 깡통시장 일대의 장방형 격자구조가 서관의 육행랑과 삼대청의 길에서 뻗어 내린 것이다.

이러한 점에서 용두산 일대의 도심 역사는 한일병합 이후에 형성된 것이 아니라, 350여 년 전 조선시대에 이미 시작되었다고 보는 것이 옳다. 일제 잔재라 당연시 여겼던 이 땅의 바탕에는 초량왜관의 이야기와 조선의 역사가 깊게 스며 있는 것이다. 시공간이 만들어 낸 길과 필지의 무늬들은 지

---

2 해당 도시에서 오래전에 발달했던 도심을 원(原)도심 또는 구(舊)도심이라 부른다. 부산의 원도심은 중구가 중심이나, 일반적으로 서구, 동구, 영도구를 포함하여 부른다.

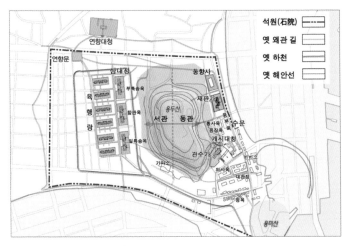

석원(石院)
옛 왜관 길
옛 하천
옛 해안선

연향대청
연향문
삼대청
동향사
옥
행
랑
부특송옥
참관옥
일특송옥
재판기
용두산
서관　동관
통사옥
부　수문
동사옥
관장옥
개시대청
관수가
가마소
의사옥
대관정
용미산

초량왜관의 잔존 흔적 ⓒ강동진

금 부산에서 살아가는 우리들보다 몇 배나 더 나이를 먹은
셈이니, 도심 자체가 부산의 소중한 유산이라는 사실은 두말
할 필요가 없어 보인다.

3.

　초량왜관이 문 닫은 지 4년이 지난 1876년, 부산을 침략
거점으로 삼고자 했던 일제에 의해 부산포는 재개항된다. 이
때부터 부산의 변화는 본격화되었고, 부산은 군사(방어) 도시
에서 근대 항구도시로 전환되기 시작한다. 부산포가 평지의
넓은 땅이 배후지(지금의 서면 일원)를 이루었음에도 수심이 얕

았고 또한 동래성(또는 부산진성)의 외항으로 사용되었기에 일제는 근대 항구로의 개발을 주저할 수밖에 없었다. 그들이 선택한 대안은 초량왜관의 선창 일대였다. 큰 배가 드나들 수 있는 수심도 어느 정도 확보되었고, 배후지에 생활 인프라가 이미 구축되었기에 근대 항구로의 개발을 주저할 이유가 없었다. 그 즈음부터 부산의 주체가 조선인이 아닌 일인으로 옮겨지고 말았다. 근대 항구로의 전환이 일인들에 의해 추진된 것은 참으로 안타까운 일이었다.

한편, 장차 부산을 침략의 거점 도시로 삼기에는 배후 가용지가 매우 부족하다는 판단을 한 일제는 '매축을 통한 공간 넓히기'와 '부두 건너편에 자리한 영도를 병참 기지화하는 것' 그리고 '도시계획 구역 확장을 통한 도시 넓히기' 등을 통해 부산의 기능과 영역을 확장시켰다. 초량왜관 선창 배후지에 부산해관(1883년)이 설치되면서 비록 초기 형태였지만 부산항은 국제항으로서의 면모를 갖추기 시작했다.

일제는 대륙 침략의 전초기지로 부산항을 선택하고, 철도 및 도로, 부두, 산업기지 건설 등 인프라 구축을 본격화했다. 항구 일대의 부족한 개발용지를 확보하기 위해 일제는 '제1차 북빈매립공사(1902~1905)'를 시작으로 총 7차례에 걸친 해안 매축공사를 시행했다. 매축으로 전관거류지의 공간을 확장하며 부산 점령의 폭을 키웠고, 매축된 땅에 철도를 부설하여 부산을 대륙 침탈의 거점 도시로 성장시켰다.

1905년에 개통된 경부선 철도는 조선은 물론 부산을 식민 도시로 만드는 핵심체로 작동했다. 이는 부산-시모노세키 간 관부 연락선의 연결 계기가 되었고, 이후 도쿄에서 부산, 경성(서울)을 연결하고 더 나아가 만주로 진출했던 일제 침략의 루트로 이어졌다.

더더욱 마음이 불편한 사실이 있다. 철도 때문에 부산포의 공간구조가 파괴된 것이었다. 부산포는 바다와 연결된 부산 지역 최고의 포구였다. 중간지점에 돌출된 바다 언덕인 영가대가 있었는데, 이곳은 조선통신사가 제를 지내고 출항했던 역사적인 곳이었다. 포구 배후에는 부산진성과 연결되는 마

부산포와 영가대를 관통하며 지나는 경부선 철도(1907년) ⓒ부경근대사료연구소

을과 시장이 자리하고 있었다. 그런데 경부선이 이곳을 관통하여 건설되어 양분된 부산포는 힘을 잃었고 결국 매축으로 사라지고 말았다.

철도 개통과 관부 연락선의 취항으로 일인들의 부산 진출이 본격화되었고, 부산은 일본 열도와 대륙을 잇는 관문도시로 기능하며 크게 변모하게 된다. 일인들의 원활한 정착과 보다 효율적인 침탈을 위해 일제는 1906년 부산 이사청을 설치하고 1914년에는 부산 부제를 시행하였다.

한편, 부산을 근대도시로 나아가게 했던 기폭제는 우리나라 최초 연륙교이자 도개교였던 '영도다리의 준공'으로 볼 수 있다. 1934년 11월 23일 영도다리(길이 214.63m, 너비 18.3m, 높이 7.2m)가 하늘로 솟는 개통식 장면은 부산이 근대도시로 나아가는 서막을 열었던 순간으로 소개되고는 했다. 유사한 사업 한 가지를 추가한다면 1936년 3월의 '부산부청 준공'을 들 수 있다. 동산(용미산)을 밀어내고 시행된 이 사업은 부산의 상업경제와 군사 기능, 그리고 식민 통제 정책의 강화를 목적으로 한 치밀한 일제의 식민지 플랜이었다.

일제는 1937년 부산 최초의 도시 종합계획이었던 '부산시가지계획령'을 수립하여 제 3, 4부두의 매축과 서면 지역을 부산부에 포함시켜 (태평양) 전쟁 준비를 위한 배후 공업지역을 확보했다. 1942년에는 동래군의 동래읍과 사하면을 부산부에 편입시켜 해운대와 낙동강 일대까지 도시공간을 확장했다.

4.

일제의 패망으로 해방이 되었다. 약 200만 명으로 추산되는 귀환동포들이 부산항으로 들어왔고, 10만여 명의 귀환동포들이 부산에 정착했다. 이어진 한국전쟁 중 부산은 1,023일 간의 피란수도로 기능하며 100여만 피란민들에게 삶의 터전을 제공했다.

부산은 원래 30만 계획도시였다. 여기에 귀환동포들과 피란민들이 더해진 부산의 상황은 숨이 막힐 정도였다. 3인 가족이 살던 도시에 4인이 살다 여기에 10여 명의 식구가 추가되었으니, 그 혼잡과 혼란을 충분히 상상할 수 있다.

산등성이, 언덕, 다리 밑, 도로변 등 빈 곳이라면 어디에나 피란민들의 집이 들어섰다. 가마니, 종이 박스, 판자 등을 잇대어 지은 셀 수 없을 정도의 집들이 높고 낮은 구릉지와 하천변, 항구와 시장 주변에 탄생했다. 그 속에서 피란민들의 삶이 이어졌다. 그들이 이처럼 도심을 떠날 수 없었던 핵심의 이유는 일자리 때문이었다. 당시 부산은 도심 구릉지(산복도로)를 중심으로 바다 쪽 정면부에는 부두들이 연이어 있었고 부산역도 함께 입지했다. 우측 도심부에는 국제시장과 자갈치시장, 부평깡통시장이 활성을 이루고 있었다. 이곳들은 피란민들에게 있어 생계 연명을 위한 필연의 장소들이었다.

이들이 도심을 떠날 수 없었던 또 다른 이유가 있었다. 부산역, 제1부두, 연안부두, 충무동 시외버스터미널 등이 지척이었던 도심은 언제든 전쟁의 상황이 변하면 고향으로의 귀환을 기대할 수 있는 최적의 장소였다. 그래서 그들은 비록 도심 언저리였지만 그곳을 떠날 수가 없었다. 그마저도 밀려난 사람들은 고개 너머의 가파른 경사 지역이나 중심에서 먼 또 다른 산비탈에 자리를 잡았다.

도심 능선이 이어진 산복도로의 동측부에 (서면) 공업지대

피란민 생계 잇기의 근거지였던 자갈치시장 ⓒ부경근대사료연구소

가 펼쳐져 있었다. 평지이자 물(하천)이 풍부했고, 물자 수송이 편리하여 산업 발달의 조건이 양호했던 이곳에는 30여 개 소의 대기업들(당시)이 집결하여 있었기에 월급을 받을 수 있는 도시 노동자가 되기 위한 사람들이 항상 줄 서 있었다. 이러한 부산의 생산 여건은 서면 일원은 물론 중앙로 주변의 여러 지역들까지 번화가로 전환시켰다.

백양산에서 발원하여 서면을 지나 북항으로 흘러가는 동천 일대는 부산항, 부산역과 부전역, 우암선과 문현선 등이 연계되어 있어 연료 및 상품 반출입이 매우 용이하여 조선방직, 락희화학공업사, 제일제당 등 당시 대한민국의 제조업 공장(기업) 대부분이 입지했다. 이에 서면지역에는 생산 활동 및 노동자들의 생활과 여가를 위한 지원시설들이 집결되었고 범천동, 전포동 등 배후 구릉지들은 노동자들의 주거지대로 기능했다. 결과적으로 1950년대 부산은 군수물자, 구호품 등과 관련된 유통업, 이를 가공·판매하는 제조업, 원자재(고무, 사탕수수, 원목 등)를 수입하여 생필품을 생산하는 경공업이 발달하기 시작했다. 또한 국가재건을 위한 정부의 다각도 지원으로 기업 수가 크게 증가하여 1950~60년대 부산의 경제는 부흥기를 이루었다.

1963년 직할시 승격을 기념하여, 공업지대 서면의 상징점

동천 일대에 집결한 기업과 공장들의 분포(1960년대) ⓒ강동진

이었던 서면 로터리에 높이 23~4m 아치형의 부산탑(원명 '부산 재건의 탑')이 들어섰다. 1981년 지하철 1호선 공사로 철거될 때까지 18년 동안 부산의 상징물로 기억된 조형물이었다. 해체 당시 부산의 '釜'를 형상화한 탑신은 사라졌고, 자유의 횃불을 든 남녀 동상으로 구성된 탑두는 '부산직할시 승격 기념상'으로 명명되어 부산박물관 정원에 이전하여 보존되었다.

기념상과 함께 보존된 설립 취지문에서 놀라운 사실이 발견된다. 부산상공회의소 회원 16인의 후원금으로 세워졌음을 알리는 부산탑 표지석에 새겨진 그들의 이름이다. 강석진 회장을 비롯하여 구인회, 김지태, 박경규, 박정관, 신경호, 신덕균, 신세균, 신중달, 양태진, 왕상은, 이병철, 이영진, 장홍

서면로터리의 부산탑 ⓒ부산광역시

식, 정기옥, 정태성. 모두 서면에서 기업을 운영하던 공장주
들이었고, 당대 우리나라 최고의 기업가들이었다. 당시 서면
은 이런 수준의 지역이었다.

5.

1962년 1월 20일부터 최초로 도시계획법이 시행되었다.
도시의 경제적 빈곤과 주택문제, 교통문제, 기반 시설 미비
등 과밀화로 인한 도시문제에 대응하기 위한 조치였고, 이듬
해에 직할시로 승격된 부산도 새로운 도시계획의 실험 도시
로 나아갔다.

당시 부산은 급격한 인구 증가에 따른 생산 및 생활공간의

절대적 부족으로 도시공간의 외연 확장과 분산의 필요성이 대두되던 때였다. 부산항 일대에 대한 '부두 지구 정리사업(1962년)'이 시행되었고, '신부산 구획정리사업(1965년)'을 통해 지게골(문현동)에서 수영강 쪽으로 공간 확장이 이루어졌다. 대연동에서 수영에 이르는 백오십삼 만 평의 토지를 정비하고 수영 앞바다 이백만 평을 매립하여 인구 70만의 컴팩트 시티를 건설하겠다는 내용은 당시로는 엄청난 것이었다. 국가의 수출주도형 산업화 정책에 따라 부산은 기계공업에서 상당한 성장세를 보였다. 이에 금성사 공장을 시작으로 신진 자동차, 고려제강, 연합철강 등이 들어섰다. 동시에 서면 일대의 공장 이전도 추진되었는데, 이 과정에서 사상 공업단지, 신평장림 공업단지, 금사회동 공업단지 등이 탄생되었다.

신부산 구획정리사업으로 골격을 갖추기 시작한 수영 일대(1960년대 말) ⓒ부경근대사료연구소

1970년에 들어, 경부고속도로 및 남해고속도로 개통, 광역 교통망을 도심과 항만에 직접 연결하는 도시고속도로와 동서고가도로의 건설, 컨테이너 수출부두인 제 5, 6부두의 건설 등 부산 경제와 도시공간 변화에 큰 영향을 미친 대형 도시 사업들이 급속히 진행되었다.

1980년대 들어, 88올림픽 요트경기 개최를 위해 수영만(수영해수욕장)을 매립하였다. 요트경기장 배후에 확보된 매축지는 새로운 주택 건설의 가능지로 이해되며, 부산의 고층형 공동주택의 건설을 본격화시켰다. 이를 기점으로 대규모 해안 매립에 의한 도시개발과 산지에서의 공동주택 건설이 봇물 터지듯 시작되었다. 이로 인해 해안과 산지의 수려한 경관들이 차단되거나 해체되기 시작하였고, 과도한 주택 건설에 따른 후유증들이 나타나기 시작했다.

부산 인구가 최정점에 다다랐던 1995년(3,892,972명)을 전후로 부산은 전국에서 주택문제가 가장 심각한 도시로 회자되기도 했다. 이유는 주택 건설을 위한 가용 토지가 부족하고 도심 고지대에 무허가 불량 주택들의 난립 때문이었다. 이러한 양상은 비단 주택에만 국한되지 않았고, 문화, 복지, 교육과 의료 등 여러 방면에 걸쳐 인프라 부족 도시로 각인되는 결과를 초래했다.

공간적으로 희생이 컸던 또 다른 곳을 꼽자면 항구지역을 들 수 있다. 부산은 삼면이 열린 넓은 바다를 가진 도시이고 우리나라 최고의 항만을 가진 도시임에도 도심의 바다(부산항)는 물류 부두라는 이름으로 단절되고 차단된 바다의 섬처럼 인식되었다. 부산의 바다는 오랫동안 수출입을 위한 물류 부두와 생선을 하역하는 수산업 관련 기능, 그리고 여름에 반짝하는 해수욕장 기능 등 매우 수동적인 기능만을 담당해 왔다. 바다도시임에도 마치 내륙도시인 양 착각 속에 머무른 것이다. 305km에 이르는 아름다운 해안선을 가진 바다도시로서의 고유한 해양문화를 키우거나 육성시키지 못한 채 오랜 시간을 보내왔던 것이다.

6.

부산은 다이내믹한 20세기를 보냈다. 극단의 상황들이 중첩되며 다양한 우여곡절을 겪었다. 그러다 보니 혹자들은 꾸준히 유지되고 보존되어 온 전통이 부산에는 없다고 한다. 외세 침략과 국난 극복의 과정이 너무나 다급했고 험했기에 생겨난 얘기다.

그러나 전통의 폭을 넓혀보면, 즉 동래를 품거나 1407년을 기점으로 부산을 이해한다면 상황은 완전히 달라진다. 부산에는 지금의 우리 사회를 만든 거대한 역사적 사건들이 오롯이 새겨진 다양한 풍경과 이야기들이 곳곳에 중첩되어 있고 또 스며있다. 그 모습이 다소 무질서하고 복잡해 보이기에 혹자들은 부산을 부정적인 외부 요인에 의해 만들어진 도시라 지적하고, 또한 근대화, 도시화, 산업화 등의 과정 가운데 능동적인 대응 없이 형성된 도시라 폄훼하기도 한다. 분명 맞는 얘기다. 이 순간 필자는 "만약 부산이 없었다면?"이라는 질문 아닌 질문을 던지고 싶다. 부산은 비록 아팠지만, 삶의 열정으로 가득했던 대한민국의 근대를 끌어안았던 도시였다. 그래서 부산의 20세기는 그렇게도 다이내믹했던 것이다.

그 시간에 얻게 된, 아니 더 강해진 것이 있다. 그것은 개방성과 다양성이라는 무형의 속성이다. 이 속성들은 부산 사람들의 기질 형성과 지역문화 창달에 큰 영향을 미쳤으니 분명 시대로부터 부산이 받은 선물이라 할 수 있다. 생각이 여기에 이르면 부산은 단순한 물리적인 관점에서의 대도시가 아니라, 다양한 층위의 것들이 부산 사람들의 삶과 어우러진 '역사 문화의 살아있는 현장'으로 이해해야 한다는 깨달음이 따라온다. 이것을 지난 역사 속에서 형성된 '부산의 정체성'으로도 설명할 수 있다.

안타깝게도 부산 정체성의 근간이 되는 유무형의 것들이

세월의 벽을 넘지 못한 채 약해지고 해체되고, 또 크게 변하고 있다. 그럼에도 상당수는 여전히 우리 곁의 여러 흔적과 기억들로 잔존하고 있다. 실제 우리 삶 속에서 작동하는 것들도 부지기수다. 이것들을 '부산의 유산'이라 부르면 어떨까? 정체성은 '일관되게 유지되는 존재의 본질'을 의미하니, '앞 세대가 물려준 소중한 것'이라는 뜻을 가진 유산과 일맥상통한다 할 수 있다. 특히 유산은 보존만이 아니라 계승과 전승, 그리고 활용에 방점을 찍는다. 유산을 많이 가진 도시일수록 풍성한 경험과 기억들이 넘쳐난다. 그 풍성함의 결과는 결국 도시와 시민의 풍요로 전환된다. 그래서 선진의 도시들은 오래전부터 자신만의 유산을 찾는 일에 매진했고, 공감된 유산을 귀히 다루며 또 그 가치를 확장하는 일에 주력했다. 도시의 정체성을 지킬 수 있고 동시에 미래 번영을 약속하는 일이었으니 지체할 이유가 없었던 것이다.

부산의 유산! 그것을 찾아보려 한다. 열세 꼭지의 이야기를 통해 '부산의 유산이 부산의 미래다'라는 명제 정립에 도전해 보려 한다. 이 도전의 시간이 부산의 존재감과 부산의 미래가치를 보다 넓고 깊게 우리 역사 전면에 드러낼 수 있기를, 또한 채워가기를 간절히 기대해 본다.

<참고문헌>

- 강동진, 2009, "초량왜관의 흔적과 창조적 가치" 『봉생문화재단 창립 20주년 기념 학술심포지엄(초량왜관, 그 시간과 공간의 만남)』.

- 강동진, 2018, 『오래된 도시, 새로운 도시디자인』, 커뮤니케이션 북스.

- 강동진·김희재·송교성, 2018, 『부산 도시공간 탐색 : 변방에서 해양으로』, 부산연구원 부산학센터.

- 부산박물관, 2017, 『초량왜관 - 교린의 시선으로 허하다』, 부산 박물관 학술연구총서 제54집.

- 부산박물관. 2015, 『조선시대 통신사와 부산』, 2015 부산박물관 국제교류전.

- 양흥숙, 2009, "조선후기 동래 지역과 지역민 동향 - 왜관 교류 를 중심으로" 부산대학교 대학원 박사학위논문.

- 유재우·김준·홍지완·송혜영, 2019, 『피란수도 부산의 주거환경 (2019부산학연구센터연구총서)』, 부산연구원.

- 전성현, 2021, 『식민지 도시와 철도: 식민도시 부산의 철도와 식 민성, 근대성, 그리고 지역성』, 선인.

오! 부산
유산으로 본 부산의 미래

부산 유산 1번지,
부산항 이야기

강동진
경성대학교 도시공학과 교수

역사환경 보전에 중심을 둔 도시설계를 배웠고, 현재 경성대학교 도시공학과에 재직 중이다. 근대유산, 산업유산, 세계유산, 지역유산 등을 키워드로 하는 각종 보전방법론과 재생 방안을 연구하고 있다. 지난 20여 년 동안 영도다리, 산복도로, 캠프하야리아, 북항, 동천, 동해남부선 폐선부지, 피란수도부산유산 등의 보전운동에 참여하였다. 현재 문화재청 문화재위원, 이코모스 한국위원회 이사 등으로 활동하고 있다.

부산 유산 1번지,
부산항 이야기

강동진
경성대학교 도시공학과 교수

1. 동산(東山)을 아시나요?

동산(東山)이란 산이 있었다. 표기조차 안된 (옛) 지도들로 있으니, 그 규모가 매우 작았음을 알 수 있다. 그랬던 동산이 19세기 말경 이방인에 의해 촬영된 해안 풍경 속에 다소곳한 모습으로 그 존재를 드러냈다.

초대 부산해관장이었던 넬슨 로버트가 촬영한 동산과 해안 풍경 ⓒ부산세관박물관

동산의 이름은 언젠가부터 용미산으로 바뀌었다. 아마 송현산에서 용두산으로 이름이 바뀔 때 덩달아 바뀌었으리라. 동산은 일제가 부산부청을 건설하며 밀어내 버렸다. 동산이 우리 시야에서 사라진 지 100여 년의 시간이 흘렀지만, 부산에 있어 동산의 의미는 지금도 유효하다. 그 자리가 바로 부산항의 북항과 남항을 구별 짓는 지점이기 때문이다. 현재는 동산에서 뻗어나간 자리에 있는 영도다리가 역할을 대신하고 있다.

영도다리를 중심으로 북(동)쪽 바다를 북항, 남(서)쪽 바다를 남항이라 부른다. 북항은 연안여객부두, 제1부두, 제2부두, 중앙부두, 제3부두, 제4부두, 제5부두와 6부두가 결합된 자성대부두, 우암부두, 감만부두, 신선대부두로 이루어져 있다. 70여 년 동안 대한민국의 수출입을 책임졌던 국제 물류항으로서의 기능을 한 북항은 십수 년 전부터 재개발(제1~6부두)이 진행되고 있다. 자갈치시장과 부산공동어시장으로 대변되는 남항은 우리나라 수산업의 보고로 기능하고 있다. 새벽이면 불야성을 이루는 이곳의 와자지껄함은 부산의 상징이요 힘이다. 수산시장들 건너편 영도의 대풍포 일대는 깡깡이마을이라 부르는 수리조선소들이 줄 서 있다. 이곳의 첫 조선소 설립이 1887년으로 기록되니 목선을 짓고 배를 수리

했던 남항의 기능이 136년 동안 지속되고 있는 것이다.

참으로 신기하다. 연이어 있는 두 항구의 기능과 모습이 달라도 너무 달라 보인다. 북항은 부산을 이끌고 갈 미래 동력이 감돌며 기운차 보이고 남항은 애잔하고도 예스러운 정겨움이 넘쳐난다.

2. 부산항 변천과 그 특성

1883년 부산해관의 개청과 함께 동산(용미산) 앞 해안의 잔교식 부두가 조성되며, 부산항의 입출항과 무역활동이 시작되었다. 그러나 잔교식 부두만으로는 개항장으로서의 업무 수행이 원활치 못하여, 1902년부터 매립을 통한 항구 축조가 본격화되었다. 1902~1905년에 시행된 '제1차 북빈매립공사'가 출발점이었다. 이후 부산항은 7차례에 걸친 매축기, 발전기, 활성기, 재개발기 등의 시기를 거쳐, 지금은 재개발기에 들어서 있다.

2.1 개항기1 (1407~1876)

1407년(태종 7년) 이포개항으로 비롯된 '제1차 개항기'는 왜의 침략을 근본적으로 막고, 제어하기 위한 조선 정부의 결

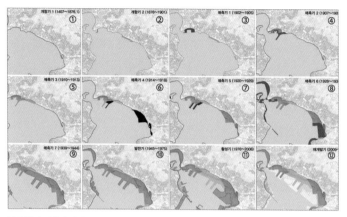

부산항의 변천과정 ⓒ강동진

① **개항기 1**   **1407~1876** 1407년(태종) 부산포 개항 이후 초량왜관 시대까지의 시기

② **개항기 2**   **1876~1901** 1차 북빈 매립이 시작되기 전까지의 시기

③~⑨ **매축기(총 7회)**   **1902~1944** 1차 북빈 매립에서부터 3, 4부두 완료까지의 시기

⑩ **발전기**   **1945~1975** 광복 이후에서부터 1단계 부산항 개발사업 시작 전까지의 시기

⑪ **활성기**   **1976~2008** 5, 6부두 매축 이후 북항 재개발사업 시작 전까지의 시기

⑫ **재개발기**   **2009~현재** 북항 재개발의 본격적인 추진 시기

단으로 이루어진 시기였다. 외교 차원에서 국가의 주체성이 확립된 시기로, 부산항(당시 부산포)이 공식 무역항으로 나아가는 기점이 되었다는 점에서 큰 의미를 가진다.

절영도 왜관 시대를 거쳐 부산진성에서 불과 1.3km 남짓 이격된 두모포에 1607년 왜관이 설치되었다. 두모포 왜관은 70여 년 동안 존속되었고, 현재 고관(古館)이란 지명으로 남아있다. 무역량 증가로 인한 공간 협소와 선박 관리 문제 등으로 왜관 이전이 추진되어, 최적지로 용두산 자락의 초량 일대가 선정되었다. 6여 년의 공사 끝에 1678년 초량왜관의 역사는 시작되었다. 또한 이 시기는 총 12차례 조선통신사가 활발히 일본을 넘나들며 부산항은 국제 교류의 현장으로 활용된 때였다.

제1차 개항기는 해안선에 인공적인 변화가 없었던 시기였다. 부산진성과 초량왜관을 오가던 가파른 해안길(현 영선고갯길)이 해안선의 경계였다.

2.2 개항기2 (1876~1901)

1876년 개항 이후 1901년까지의 시기를 '제2차 개항기'로 부를 수 있다. 1901년을 끝점으로 정한 이유는 1902년부터 부산항의 본격적인 매축이 시작되었기 때문이다. 1883년 우리나라에서 가장 오래된 공공기관인 '부산해관(현 부산세관)'이 개청된 후 부산항의 국제무역은 본격화된다.

부산해관의 제1대 해관장은 영국인 넬슨 로버트(William Nelson Lovatt)였다. 2대 해관장은 1886년 부임한 프랑스인 피리(Alexandre Theophile Piry)였고, 3대 해관장인 영국인 헌트(Johnathon H. Hunt)는 1888년부터 1898년까지 무려 10여 년 동안 해관장을 역임했다. 4대는 프랑스인 라포트(E. Laport), 5

대는 영국인 오스본(W. M. C. Osborne)이었고, 6대는 페코리니(D. M. Pecorini)라는 이탈리아인이었다. 7대는 일본인 야마오카 요시고로(山岡義五郞)였으며, 이후 일제강점기 동안 7명의 일본인 해관장이 근무하였다. 정부 수립 후 1948년 4월에 한국인인 장기빈 부산세관장이 취임하였다.

초기 부산해관의 주 무대는 동산 앞의 잔교식 부두였고, 부두 너머의 북항 전체는 긴 백사장이 이어진 채 간헐적으로 어촌마을이 형성되어 있는 전형적인 남해안의 모습이었다.

2.3 매축기 (1902~1945)

1902년부터 1945년까지 진행된 '매축기'에는 총 7차례의 매축이 있었다. 첫 번째 매축은 1902년에 시작되었다. 제1차 북빈매립공사라 불리는 이 매축은 선박 접안의 효율 확보를 위해 凹자 형태로 돌출된 형상으로 건설되었다. 두 번째는 1907년부터 2년여 동안 진행된 제2차 북빈매립공사였다. 이 공사로 인해 제1부두가 모습을 드러냈다.

세 번째 매축기(1910년~1913년)의 핵심 사안은 영선산이라고 불리던 쌍산을 착평한 후, 절토된 흙을 다시 성토하여 넓은 토지를 확보하는 것이었다. 이 공사를 '부산항착평공사'라고 불렀다. 해안 쪽으로 돌출된 영선산 때문에 철로 개설과 도

북빈매립공사가 진행되던 1907년 상황 ⓒ부경근대사료연구소

로 건설이 어려웠기에, 영선산을 착평하여 평지를 얻고 그 흙으로 또 다른 평지를 확보하면서 제1부두와 경부선이 연결되는 기반이 구축되었다. 결과적으로 전관거류지와 서면을 연결하는 도로(중앙로)의 개설도 가능해졌다.

옛 부산역의 가장 큰 특징은 부두와 역이 결합된 통합형이란 점이다. 부두 안으로 경부선 철로가 인입되어 시모노세키(下關)에서 출항한 관부 연락선(關釜 連絡船, 현재는 부관페리호라 부름)의 각종 물자와 사람들이 경성(서울)으로 직접 연계되었다. 이를 통해 도쿄~부산~경성~만주로 이어지는 원스톱 서비스가 완성되었고, 한반도와 대륙 침략을 위한 일제의 교두보가 되었다.

네 번째 매축기(1914년~1918년)의 핵심 사업은 제2부두 건설

1910년대 제1부두 일대의 모습

제1부두와 제2부두의 완공된 1910년대 후반부의 부산항 ⓒ부경근대사료연구소

과 부산진 일대의 매축이었다. 1920년대 초반의 제1, 2부두
의 모습 속에서 고전 르네상스 양식의 2층 벽돌조인 부산역
과 뾰족한 지붕을 가진 고딕 스타일의 부산세관이 크게 드
러나 보인다. 두 건물은 일본 근대건축사에도 등장할 정도
로 위상을 가졌던 것으로 전해진다. 두 건물이 1910년에 완

공되었으니, 일제는 한일병합 이전에 이미 부산을 침략 도시로, 또한 조선을 식민국으로 만들겠다는 확고한 의지(?)를 표명했던 것이었다. 부산역은 1953년 11월 27일에 발화된 부산역전 대화재로 인해 소실되어 사라졌고, 부산세관은 부산대교를 건설하며 도로 확장의 이유로 1979년에 해체되고 말았다. 화재는 어쩔 수 없었다고 하더라도, 도로 확장 때문에 부산세관을 없애버린 것은 두고두고 후회할 일이었다.

다섯 번째 매축은 1920년부터 1929년까지는 진행되었다. 1920년대는 3.1만세운동의 영향으로 일제가 민족의식을 개조하기 위한 문화 식민 지배가 본격화된 시기였다. 그런 시대 흐름 탓인지, 북항에서도 매축공사로 인한 큰 변화는 발생하지 않았다. 당시 부산항과 시모노세키항을 오갔던 관부연락선을 탔던 사람들 중에는 독립운동과 관련된 선조들이 포함되어 있었다. 당시 제1부두 일대에서는 그들과 일제 경찰들과의 쫓고 쫓기는 긴박함이 늘 감돌았을 것이다. 백산 안희제 선생이나 박재혁 열사가 제1부두를 오가며 활동했던 것은 주지의 사실이며, 1919년 2.8독립선언에 참여했던 김마리아 열사가 기모노 속에 독립선언서 10여 장을 감추어 들어와 3.1만세운동의 불씨가 전국에 전해졌던 곳도 부산항 제1부두였다.

여섯 번째 매축기는 영도다리 건설(공사기간: 1931년 10월 ~1934년 11월)을 핵심으로 하는 1936년까지의 시기를 말한다. 이 기간에 행해진 남빈 매축으로 현 자갈치시장에서 부산공동어시장 일대의 수변이, 그리고 영도 대평동 일대의 매립으로 현 수리조선소 관련 부지들이 확보되며 남항의 모습이 확연히 드러난다.

영도다리는 규모(길이 214.8m, 폭 18.3m)는 그리 크지 않지만, 위로 드는 도개 기능을 가진 특별한 다리였다. 일제는 도개교인 영도다리의 건설을 위해 당시로는 상상할 수 없었던 거금을 투입했다. 이런 다리를 식민지였던 조선에, 그것도 부산에 만든 이유는 오직 한 가지. 영도를 병참기지로 삼으려고 했던 일제의 강력한 책략 때문이었다. 일제는 영도를 남포동과 광복동 시가지만큼이나 중시했다. 남포동과 광복동 일대는 상업, 교육, 주거 등 생활 중심의 도심으로, 영도는 공업과 군사 목적의 도심으로 개발하려는 의도 속에서 두 지역의 연결책으로 영도다리를 선택했던 것이다.

영도다리의 탄생으로 영도는 섬이 아닌 육지처럼 인식되고 사용되었다. 당시 부산에는 일본인들이 경영하던 여러 기업들이 있었다. 수산업을 필두로 도자기, 면제품, 술 등을 생산하는 제조업, 매축과 부두 건설을 주로 했던 토목업, 쌀 반출을 위한 정미업 등이 집중되었고, 영도 연안에는 도자기를 중심으로 한 제조업, (수리) 조선업, 물류저장업 등이 성황을 이루었다.

　일곱 번째 매축기는 1939년부터 해방 직전까지의 시기이다. 태평양전쟁을 일으킨 일제는 보급과 지원을 위해 제3,4 부두와 중앙 부두를 급하게 건설했다. 이로써 부산항은 총 5 기의 부두로 해방을 맞게 되었다. 일제 침탈과 전쟁을 연이어 겪는 가운데, 당시 정부는 부두를 새로이 축조할 수 있는 능력이나 여력을 갖지 못했다. 1970년대 중반까지 약 30년 동안 5기의 부두에 의존할 수밖에 없었다.

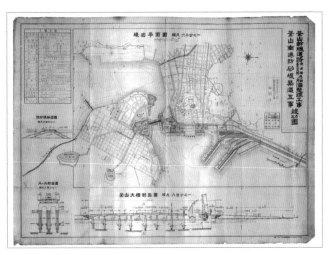

영도다리를 중심으로 연결된 부산의 원도심(1934년) ⓒ부경근대사료연구소

2.4 발전기 (1945~1975)

　한국전쟁 직후인 1954년 중앙부두와 제3부두 일대를 중심으로 한 부산항 모습 속에서 부두 주변에 얼마나 많은 사람들이 경제활동을 했었는지 상상할 수 있다. 전쟁은 끝났지만 최소 60만 명의 피란민들은 고향으로 돌아가지 않았다. 부산은 수많은 일자리가 있었고, 경제활동이 가능했던 전국에서 거의 유일한 도시였기에 피란민들은 부산을 떠날 수 없었다. 결과적으로 부산은 100만이 넘는 도시로, 또한 전국에서 가장 다양한 지역 출신자가 공생하는 혼종성이 뛰어난 도시가 되었다.

1954년의 부산항 ⓒ부경근대사료연구소

1960년대에는 부산항 자체의 변화는 없었지만, 배후지에서는 엄청난 변화가 진행된 시기였다. 평지로 된 도심 공간이 매우 부족했기 때문에 철도시설을 부두 쪽으로 이동시킨 후 내륙에 도심부를 확보하는 공사였다. 철도가 있던 자리는 일반상업지역으로 용도 변경되었고, 이후 완성된 토지이용과 개발 양상은 최근까지 이어지고 있다.

이와 함께 1953년 화재로 소실된 옛 부산역은 중앙동 임시가설 역사를 거쳐, 1968년 지금의 자리에 이전·신축되었다. 이로써 부산역 일대는 경부선 종점 지대로서의 본격적인 역할을 시작했다.

1960년대 말 부산항 배후지의 변화 ⓒ부산시

2.5 활성기 (1975~2008)

　1970년대에 들어 수출입 물동량은 기존 부두의 용량을 크게 넘어섰다. 30여 년 만에 비로소 정부는 신 부두를 건설하기로 결정했다. 제5부두와 6부두는 합쳐서 자성대부두로 명명되었고, 우리나라 최초의 컨테이너 물류 부두가 되었다. 자성대부두의 완공으로 부산항은 인력으로 화물을 저장·운반하던 벌크화물 시대에서 크레인과 컨테이너, 화물차가 세트로 움직이는 신 물류의 시대로 나아갔다. 연이어 제1, 2부두의 증개축과 8부두(우암부두), 감만부두, 신선대부두가 신설되며 부산항은 대한민국 수출경제 도약의 기반이 되었다.

우리나라 최초의 컨테이너 물류부두인 자성대부두 ⓒ부산시

2.6 재개발기 (2009~)

이 시기는 부산신항의 조성과 함께 북항 재개발이 본격적으로 진행되는 시기이다. 북항 재개발의 기폭제는 지난 2009년 노무현 대통령의 "슬리퍼를 신고 시민들이 항구를 즐길 수 있도록 해 달라."라는 요청에서부터 본격화되었다. 사업 추진에 있어 여러 어려움과 갈등들이 있었지만 새로운 시대로 나아가기 위한 부산항의 변신은 진행 중에 있다. 2014년 국제페리 터미널이 완공되었고, 2020년에는 북항 오페라하우스가 착공되었다. 2018년 12월에 '북항통합개발 추진위원회'가 발족되었고, 2019년 3월에 해양수산부 주도로 국토교통부, 부산항만공사, 부산광역시, LH공사 등이 함께하는 '북항통합개발추진단'이 출범되기도 했다.

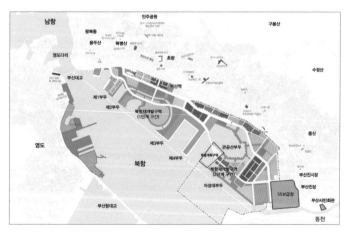

북항 재개발 토지이용계획(안)

현재는 1단계 사업의 부지 조성 및 주요 기반 시설 공사가 완료되었고, 우리나라 최초 컨테이너 물류 부두인 자성대부두를 포함한 2단계 사업이 본격화되고 있다.

3. 부산항에 남아있는 것들

부산포에서 부산항으로 나아온 지난 600여 년의 시간 동안 부산항은 물자가 닿고 사람들이 유입되는 운송의 기능과 함께, 조선업과 수산업 그리고 제조업까지 담당하며 무던히도 바쁘게 영화와 쇠퇴를 반복해 왔다.

항구가 성립하려면 배가 들어오고 짐을 부리거나 사람을 잠시 머물 수 있게 하는 선창과 물양장 등이 필수로 있어야 한다. 화물차나 자가용 등의 교통 체계가 발달하지 못했던 시절, 유일한 선택은 철도였다. 그래서 옛 부산역은 보기 드물게 항구와 연결되어 있고 부산항은 선창이 플랫폼이고 물양장이 대합실처럼 이용되었던 것이다. 부산항의 지난 시간은 결코 녹록지 않았다. 물류 부두와 산업 부두로, 군사 부두로, 또 국제 운송 부두로 사용되며 긴 시간을 버텨냈다. 이제 부산항은 지난 시간을 뒤로하고 재도약을 위해 다시 꿈틀거리고 있다. 물류 기능을 항구 밖으로 밀어내고 그 자리를 시민들을 위한 워터프런트로 바꾸는 작업이 진행 중이다.

부산항의 지난 시간을 중첩해 보니, 매립에 의해 항구가 원지형에서 바다 쪽으로 크게 돌출된 형상이다. 전 세계적으로도 이처럼 오래된 탄생 역사를 가진 항구는 그리 흔치 않다. 부산항은 대한민국을 상징하는 최고의 항구라 할 수 있다. 부산항은 부산에 속해 있는 항구들을 총칭하는 말이지만, 좁게 보면 북항과 남항을 지칭한다. 두 항구를 중심으로 부산의 유산으로 기억하고 지켜가며, 또한 부산의 미래로 연결시켜가야 할 것들을 살펴본다.

필자는 부산항의 최고 유산은 '부산항의 기능'이라 단언한다. 부산항은 19세기 중후반까지 조선 국방의 첨단 지대이자

150여 년의 시간 동안 형성된 부산항 ⓒ강동진

국제 교류의 중심지로 기능했다. 20세기에 들어 물류 유통의 기능과 함께 귀환동포의 귀환지, 한국전쟁으로 인한 피란민과 군수·구호물자의 유입항, 파월장병들의 출항장, 국내 최대 물류산업 기지 등 다양한 측면에서 국가의 중추적인 역할을 담당해 왔다.

이러한 부산항의 이면에는 부두들이 있었다. 국난에 처할 때마다, 경제 재건을 위한 산업 발전의 시기에도 부두들은 나름의 역할을 담당했다. 이중 해상으로 외국과 소통하는 유일한 공식 통로였던 제1부두는 여러 분야에 걸쳐 우리나라 근대역사의 도화선이 되었다. 김마리아 열사에 의해 3.1만세

최초 크루즈선 팬스타 허니호의 출항 부두
해양관광사

최초 국제여객선의 입출항 부두
국제여객사

1952년 최초 수출화물선의 출항 지점
국제물류사

대한민국의 원양산업과 수산업의 개척지
수산경제사

한국전쟁과 피란수도기, 피란민과 유엔군이 들어온 후방 군수기지이자 역사의 현장
전쟁사

김마리아 열사에 의해 3.1만세운동의 불씨가 도착했던 역사적 장소
독립운동사

최초 근대식 부두시설
해양토목사

140만 귀국동포가 귀국했던 영광의 부두
근대사회사/독립운동사

강제노역과 학병으로 울며 떠났던 애환의 현장
민족수난사

제1부두의 다양한 의미들

운동의 불씨가 제1부두를 통해 들어 온 것은 널리 알려진 사실이다. 강제 노역과 학병으로 울며 떠난 애환의 현장이기도 했고 귀환 동포들을 품었던 영광의 부두이기도 했다. 무엇보다 제1부두의 가장 큰 의미는 한국전쟁에서 찾을 수 있으며, 전쟁 역전의 근거를 만들었고, 부산이 인류애의 도시로 나아가는 계기를 제공했다.

제1부두는 흥미로운 스토리의 보고이다. 국가 경제 차원에서 제1부두의 특별한 가치는 1952년 우리나라 최초 화물선인 고려호가 출항한 부두라는 점이다. 밀가루와 전쟁 구호물자를 실어 오기 위한 출항이었지만, 수출품으로 1500여 톤의 고철을 싣고 출항한 제1부두는 우리나라 화물 수출의 시작점이 되었다.

흥미로운 사진이 있다. 1957년 이승만 대통령이 경무대 마당에서 이름 모를 큰 생선과 찍은 사진이다. 이 장면은 우리나라의 본격적인 원양산업의 출범을 알리는 순간이었다. 대통령이 직접 명명한 '남쪽으로 향한다.'라는 의미를 가진 지남(指南)호가 인도양에서 잡아 온 생선이었다. 궁금해하던 대통령을 위해 잡은 생선 중 가장 큰 것을 싣고 서울로 향하던 중 생선 이름을 결정하게 되는데 꽁치, 멸치, 갈치에 이어 "이건 진짜 '치'다."라는 의미에서 참치로 결정했다고 전해진다. 이렇게 제1부두는 대한민국의 무역업과 원양업이 시작된 역사의 현장이 되었다.

경무대 마당에서의 기념 촬영(1957.10)

많은 사람들이 부산항을 오갔다. 독립운동을 했던 선각자들, 귀환동포들과 이민단, 파월장병들. 그리고 고국과 부산을 떠날 수밖에 없었던 많은 사람들이 부산항의 부두를 이용했다. 부두마다 사연은 많지만, 1964년 9월부터 1973년 3월(철수 종료 3월 20일)까지 8.5년 동안 지속된 30만 월남(현재 베트남) 파병 역사로 채워진 제3부두의 사연은 매우 특별하다. 비둘기부대, 청룡부대, 맹호부대, 백마부대, 백구부대 등 익숙한 이름의 부대들이 월남으로 출발했다. 다시 3부두로 돌아온 용사는 29만 5천 명뿐이었다. 5천 명은 현지에서 순국했던 것이다.

오래전 파월장병들과 나눈 얘기 가운데 혹 돌아오지 못

할 수도 있는 아들과의 이별이 안타까웠던 어머니가 큰 꾸러미의 실 끝을 아들에게 주고 배가 멀어질 때까지 풀리는 실타래를 통해 교감했다는 사연은 필자에게 평생의 기억으로 남아 있다.

제3부두에서의 월남 파병 환송식(1965~66년, 맹호부대 환송식으로 추정) ⓒ釜山地方海運港灣廳

부산항은 산업유산의 보물창고이다. 규모가 작고 왜소해 보이지만 항구에서는 없어서는 안 될 소중한 보물들이 있다. 배가 항구에 들어오면 배를 고정시키는 계선주, 화물을 내리는 크레인, 부두임을 알리는 입구의 문주, 밤에도 일을 했던 조명탑 등이 그 주인공들이다.

일반적으로 '계선주'는 항구에 선박이 들어오면 줄을 묶는 곳 정도로 가볍게 여겨진다. 그러나 계선주가 없다면 항구는 성립될 수 없다. 배가 정박할 수 없기 때문이다. 부산항에서 가장 나이 먹은 계선주들은 제1부두에 있다. 낙지머리(?)를 닮은 7개의 계선주들이다. 100살이 넘은 것으로 추정된다. 우리나라 여느 항구에도 없는 오직 이곳에만 있는 계선주이다. 계선주는 죽어있는 쇳덩어리가 아니라 항구의 역사를 설명하는 생명체인 것이다.

화물선에서 컨테이너를 물양장으로 옮기는 로봇을 닮은 '크레인'은 컨테이너부두의 상징물이다. 1978년 우리나라 최초로 컨테이너 부두에 도입된 겐트리 크레인 1기가 현존한다. 또한 1982년 우리나라 최초로 삼성중공업이 제작한 2기의 크레인도 현장에서 살아 움직이고 있다. 국제물류도시 부산의 진정한 유산인 셈이다.

여러 형상을 가진 북항의 계선주들

진정한 부산의 유산인
자성대부두의 크레인

우리나라의 모든 도시들이 내세우는 랜드마크는 비슷하다. 초고층 빌딩이나 높은 산에 세운 타워를 크게 벗어나지 못한다. 그런데 만약 항구도시인 부산의 랜드마크가 겐트리 크레인으로 인정되고 또 이해될 수 있다면 부산의 이미지와 차별성에 대한 논의는 두세 차원 높은 수준으로 올라가지 않을까 싶다.

하지만 뭐니 뭐니 해도 항구의 본질은 바다와 육지가 만나는 '접점'이라는 속성에서 드러난다. 그 만남의 자리에는 배가 접안하고 부두를 지지하는 안벽이나 계단, 물양장 등 땅과 결합된 '구조물'이 필수적으로 존재한다. 구조물 중 홍미로운 것이 있다. '멍텅구리 블록'이다. 이 블록은 부두 매립을 위해 양생된 콘크리트 덩어리를 말한다. 아무 쓸모가 없다고 하여 멍텅구리 블록이라 불렀다지만, 이것은 바다 매립시 미리 만들어 놓은 콘크리트 덩어리를 해수 아래에 침설하는 케이슨 공법(caisson method)에서 필수적인 구조물이다.

2012년 북항 재개발 과정에서 중앙부두와 제3부두를 해체하던 중 멍텅구리 블록들이 대량 발굴(?) 되었다. 1940년대 초반부터 바닷속의 부두로 매립되어 있었으니 80년의 세월을 견뎌낸 것이다. 대다수 블록들이 분쇄되어 매립에 다시 사용되었지만, 항구의 뜻깊은 상징물이라 여겼던 염원 덕분인지 북항 수변공원에 멍텅구리 블록 수십 덩어리가 다시 자리를 잡았다. 이번에는 물속이 아니라 물 곁이다.

중앙부두(해저)에서 반출된 멍텅구리 블록
(2012.11.)

북항의 공원시설로 활용된 멍텅구리 블록
(2023.12.)

자성대부두 아래쪽 양곡부두에 사일로(silo)라고 부르는 곡물 전용창고가 있다. 이 사일로는 컨테이너부두에 조성된 국내 최초의 것이며, 대한민국의 근대 물류사와 항구사적 측면에서 중요한 위상을 가진 산업유산으로 평가된다. 자성대부두가 우리나라 컨테이너 물류부두의 기원을 이루기에, 부두 탄생과 역사를 같이하는 모든 시설들이 우리나라 최초의 것으로 기록된다. 예를 들어, 물양장과 안벽, 부두창고 2동, 1978년에 도입된 겐트리 크레인 1기와 우리 기술로 제작된 1982년의 크레인 2기, 그리고 각종 계선주와 조명탑들이 이에 해당된다.

반드시 보존되어 활용되어야 할 사일로

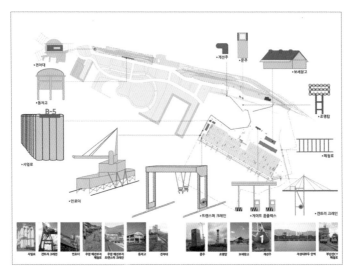

우리나라 컨테이너 물류부두의 역사적 증거들 : 자성대부두가 품고 있는 산업유산

　대한민국의 경제발전을 견인했던 부산항의 역할은 실로 대단했다. 그러나 부산항의 역할은 여기에 그치지 않는다. 1950년 8월부터 9월까지 한국전쟁사의 기록 한 부분을 옮겨본다.

　"국군과 유엔군은 북한군의 집중 공격을 받은 마산·대구·경주 축선을 고수하며 전 국토의 10%에 불과한 부산 교두보를 간신히 확보한 선에서 북한군의 전쟁 목표를 분쇄하고, 작전의 주도권을 장악하여 공세로 전환할 수 있는 계기를 마련하였다. 그것이 낙동강 방어선 전투였다." 낙동강 방어선의 구축으로 한 달 반 정도 남짓했던 기간을 버텨냈었기에

1950년 9월 15일 인천상륙작전이 가능할 수 있었고, 북진의 계기도 열린 것이다.

여기서 한국전쟁기 중 부산항 부두들의 기능에 주목할 필요가 있다. '유엔군이 오갔던 제1부두와 주로 물자와 군수품이 들어왔던 제2~4부두의 역할이 전쟁을 대역전시킬 수 있었던 계기를 만들었다'는 역할론에 대한 것이다. 한국전쟁기 중 부산항 부두들은 유엔군의 병참기지이자 후방기지였고, 눈에 보이지 않던 전쟁을 치러냈던 제2의 전선이기도 했다. 이뿐 아니라, 1950년 10월부터 시작된 유엔 중심의 피란민 구호활동은 휴전 후 3년이 지난 1956년까지 이어졌다. 유엔 민사원조사령부, 유엔한국재건단 등을 중심으로 한 총 3,132명의 의료 인력, 총 42개국에서 지원한 7,832,604달러 상당(1950.7.~1956.6. 사이)의 물자 등 의료, 교육, 건설, 물품 보급 등의 구호활동이 부산항을 기점으로 전개되었다. 이러한 측면에서 부산항은 유엔 헌장의 최초 실천 장이었다고도 할 수 있다.

부산항은 전쟁을 역전시키며 대한민국을 구했고, 또한 냉전시대의 세계 평화를 지켜냈던 으뜸의 공로자였다. 따라서 부산항의 가치는 개항장이자 국제물류부두로서의 역할을 넘어, 국가수호와 피란민 보호 그리고 60여 개 국으로 구성된 유엔군의 지원을 연결하는 인류애의 상징물로 보아야 하는 것이다.

한국전쟁이 한창이던 1951년 어느 날, 부산항에는 이름 모를 하얀색 선박 3대가 정박해 있었다. 제1부두와 해상에 정박해 있던 그 배들은 암울했던 전쟁의 배경처럼 어두운 회색으로 물든 부산항의 한 가운데에 자리했던, 붉은 십자가 마크가 선명하게 새겨진 병원선들이었다. 전체 사망자(민간인 포함)만 120만에 달하며 피비린내 났던 전쟁 중에서도 부산은 평화와 치유를 얘기했던 도시였다.

국토의 끝단이자 태평양으로 나아가는 관문에 자리한 부산과 그 중심이었던 부산항은 지금의 대한민국을 있게 한 역사의 현장이었다.

1951년 부산항의 의료선들 ⓒ부경근대사료연구소

4. 마치며

부산은 '항구도시'다. 항구도시는 해양과 육지의 자원을 바탕으로 보다 더 나은 삶을 위해 스스로 선택한 삶터이며, 해양과 관련한 각종 유발산업으로 인해 다양한 목적을 가진 사람들이 몰려드는 곳이다. 또한 부산은 '종점도시'다. 국토의 끝단인 부산은 남쪽으로 뻗어 내린 산맥 줄기들 사이로 연결된 도로망과 철도망의 끝점들이 모이는 곳이자 넓은 바다와 미지의 세계를 향한 새로운 시작점이다.

또 하나 더! 부산은 '피란수도의 도시'다. 기존 인구의 두 배를 넘어서는 피란민들이 다양한 이유와 모습으로 자리 잡은 피란수도였던 부산은 그 어느 도시보다 혼종성이 뛰어나다. 이러한 다(多)특성들 때문인지 부산은 어떠한 상황 속에서도 늘 살아 움직이는 것 같고 에너지가 넘쳐 보인다. 이는 아마 항구, 종점, 피란이라는 특성들에 내재된 출입왕래(出入往來)의 속성 때문일 듯싶다.

이러한 부단한 움직임은 부산의 또 다른 속성이 되었지만, 온전히 부산의 것으로는 융합되거나 승화되지 못한 채 오히려 부산이 국제성을 갖춘 선진도시로서 나아가는 데에 있어 방해물로 전락하기도 한다. 결과적으로 부산은 다분히 일방적으로, 또 체계적인 중장기적인 도시발전 전략을 적용할 수 있는 여유를 갖지 못한 채 급하게 달려올 수밖에 없었다. 이러한 시대 상황이 부산항을 다소 조급하게 만들었다. 부산항은 150여 년의 역사를 가진 '역사적인 항구(historic port)'임에도 경제성에 초점을 둔 도시개발의 현장으로만 다뤄지는 경향으로 인해, 지역성과 역사성에 바탕을 둔 유무형의 전달 매개체들이 점차 힘을 잃고 있다.

다행히도, 근자에 들어 반전의 조짐이 보이고 있다. '북항 재개발'이 반전의 중심체다. 재개발이라는 뉘앙스가 그리 만족스럽지 못하다. 시작 무렵에 정해진 것이라 어쩔 수 없다지만 우리 국토와 도시를 휩쓸고 있는 재개발의 의미가 부정적이기에 기존 항구를 완전히 쓸어내고 다시 만든다는 그런 재개발의 의미가 떠올라 마음이 불편하다. 사실 한동안 그랬다. 그러나 시간의 흐름 속에서 북항 재개발이 새로운 것만이 아닌, 옛 기억과 흔적을 품을 수 있는 그런 항구로 조금씩 움직여가고 있다.

시민들은 부산항의 역사들이 다양한 방법(수변공간, 기념장소, 박물관, 체험현장, 스토리텔링, 기록물 등)으로 부산 유산으로 살아남길 원하고 있다.

개인적인 바람을 적어 본다. 우리나라 최초의 컨테이너 전용 사일로이자 68개의 저장고를 가진 '곡물전용창고(사일로)'

는 국제적인 대규모 문화시설로, '제1부두'는 피란수도 부산의 상징물이자 바다로 열린 역사문화의 광장으로, '국제터미널과 연안터미널'은 부산항박물관이나 아카이브센터로, '부산공동어시장'은 맨손경매가 이루어지는 영원히 살아있는 수산업의 현장으로, 남항의 '수리조선소들'은 살아 약동하는 첨단의 조선소로, '봉래동의 창고들'은 MZ세대들을 끌어 모으는 다기능 수변시설로, '40살을 훌쩍 넘은 크레인들'은 부산의 신 랜드마크로, 다양한 형상의 '계선주들'은 다양한 부산항의 기억장치 등으로 활용되길.

이처럼 부산에 있어 항구의 역할은 단순히 항구 영역에만 그치지 않는다. 왜냐하면 부산항은 지난 국가경제의 기반이었던 물류업, 조선업, 수산업, 제조업의 '역동적 활성지'였고, 시민들의 '삶을 이어주던 생산 현장'이자 근대기의 진한 향수를 품고 있는 '기억의 장소'였기 때문이다. 또한 부산항은 미래 도시 부산을 이끌고 갈 신산업의 보고가 되어야 하기 때문이다.

부산항을 이루는 모든 것들은 원도심에서 서면에 이르는 부산의 연안도심부와 실핏줄처럼 연결되어 있다. 그래서 부산항은 흔히 볼 수 있는 평범한 개발지나 거대한 하드웨어만으로 채워진 그런 재개발의 대상이 아니라, 한 세기가 넘는 근대물류역사가 진하게 스며있고 시민 에너지를 끊임없이 공급할 수 있는 그런 역사적인 항구로 보아야 한다.

2026년은 부산항이 (2차)개항된 지 150년이 되는 해다. (개항 이유를 불문하고)개항 150년을 맞을 수 있는 항구는 전 세계에서 손가락을 꼽는다. 부산항은 대한독립에 대한 열망을 가슴에 품었던 선각자들과 수많은 동포들이 오갔던 대한민국 근대사의 '방점'이었고, 한국전쟁의 반전을 가져오게 했던 '전환점'이자 국제물류도시 부산의 '출발점'이었다. 이렇게 살아 약동했던 역사의 기억들이 부산항에 다시 스며들어 시민과 함께 영원히 머물게 되는 그런 곳이 되길 간절히 바란다.

<참고문헌>

- 강동진, 2012, "부산 도심항구부의 흔적에 대한 창의적 시선 : 재생의 관점"『환경논총』51권.

- 강동진, 2023,『구석구석부산』, 비온후.

- 박능재·강동진, "역사항구 북항의 산업유산적 가치 분석"『세계유산연구』1(1).

- 부산광역시, 2016, 피란수도 건축, 문화자산 세계문화유산 잠정목록 등재를 위한 가치 발굴 연구용역(연구:부산발전연구원·동아대학교·경성대학교).

- 부산항만공사, 2012, 부산 북항 역사문화 잠재자원 조사 발굴 및 활용 계획(연구: 경성대학교).

- 이용득, 2019,『부산항 이야기 - 부산항의 오래된 미래를 만나다』, 유진북스.

- 최해군, 1992,『부산항 - 부산의 정체성과 그 이면』, 지평.

- 해양수산부·부산항만공사, 2020, 북항 재개발 2단계 역사환경 및 문화재 조사 연구(연구: 경성대학교).

오! 부산

유산으로 본 부산의 미래

대한민국의 새로운 시작, 구호와 재건의 도시 부산

전성현
동아대학교 사학과 교수

삶의 터전인 지역에 토대를 두고 '방법으로써 지역'을 통해 근현대 부산, 한국, 그리고 동아시아의 역사와 문화에 관심을 기울이며 연구하고 있다. 또한 지역민과 함께 지역의 역사를 실천하는 공공역사의 장(역사의 재현)인 구술, 전시, 기록, 유산, 문화콘텐츠 등의 영역에도 적극 개입하고 있다. 현재 동아대학교 사학과(겸) 석당학술원 교수이며, 국가보훈부 독립유공자 서훈 공적심사위원, 경상남도 기록물심의위원, 부산광역시 문화재위원 및 세계유산위원 등으로 활동하고 있다.

대한민국의 새로운 시작,
구호와 재건의 도시 부산

전성현

동아대학교 사학과 교수

1. 한국전쟁과 부산

해방과 분단의 과정에서 1948년 신생국가의 탄생은 불완전하고 불안정한 상태였다. 게다가 대한민국의 정초가 제대로 이루어지기 전에 벌어진 한국전쟁은 그 불완전하고 불안정한 체계마저 붕괴시켜 버렸다. 아니 오히려 한반도의 두 국가를 더 강고하게 불완전하고 불안정한 체계로 만드는 데 일조했다고 볼 수 있다. 그런 의미에서 한국전쟁은 20세기 한국에서 강제 병합과 함께 가장 중요한 역사적 사건으로 긍정적이든 부정적이든 현대 한국의 토대를 구축했다.

그런데 한국전쟁 시기 대한민국은 물리적인 장소로서 부산이 존재하지 않았다면 그 체계가 어떻든 새로운 시작은 불가능했다고 해도 과언이 아니었다. 왜냐하면 한국전쟁 시기 '임시' 수도로서 전쟁의 위기를 극복하는 가운데, 이른바 '재건'/'부흥'의 단단한 기초가 놓였던 곳이 부산이기 때문이다. 대한민국의 새로운 시작은 제대로 체계를 갖추지도 못하고 한국전쟁으로 폐허가 된 시기 부산에서부터 다시 그 토대를 구축했다고 할 수 있다. 그런 의미에서 대한민국의 새로운 시작을 부산에서부터 확인하는 것은 현대 한국을 이해하는 첫 걸음이다.

한국전쟁의 발발과 함께 후퇴의 후퇴를 거듭하던 대한민국 정부로서는 전쟁 위기에서 벗어나는 것이 가장 중요한 목표였다. 정부는 개전 초와 1.4후퇴라는 두 차례의 대대적인 피난 상황에 직면했고, 일부의 국민(피난민)과 함께 피난지 부산에서 천일이 넘는 기간 동안 '피란수도'를 형성했다.

정부 천도에 관한 건

정부가 천도하면 민심 및 군인 사기에 영향이 우려되나, 잔류 국무위원을 내무, 국방, 교통부 장관으로 정하고 기타 남하에 대한 국무회의의 작정을 바란다는 유시에 대하여

  (1) 정부 천도는 공보처에서 발표할 것

  (2) 공문서로서 외국사절단에 연락함(외무부)

  (3) 기차는 명일 오후 서울역을 출발하되, 교통부 장관은 각 부처에 연락할 것

  (4) 각 부처 장관은 자유행동을 취하여 남하할 것 등을 의결

하다.

(「국무회의록 보고에 관한 건」 제1회, 『국무회의록』 제1회~129회, 1951.1.2. 1.4후퇴를 목전에 두고 정부 천도를 명한 이승만 대통령 유시에 대한 국무회의 의결 내용)

한편, 부산은 미군의 참전과 유엔의 개입에 따라 '북한의 무력 침공'을 격퇴하기 위해 필요한 병력과 물자를 보급하기 위한 병참기지로 다시 활용되었다. 1876년 개항 이래 식민지 시기를 거치면서 한반도에서 가장 크고 중요한 해륙 연락 시설인 항만과 철도를 일찍부터 갖춘 관문 도시였기 때문에 지정학적으로 가장 중요한 장소였다. 이미 일본에 의해 아시아 태평양전쟁 시기 병참기지로 활용되었는데, 한국전쟁에서 수도와 함께 다시 그 역할을 이어갔다.

1948년 현재 한국은행 자료에 의하면 활용 가능한 부산의 부두는 1~4부두와 중앙부두, 그리고 북항부두였다. 구체적으로 유휴 선박 능력을 보면, 1부두에는 3,000톤 급 배 2척과 7,000톤 급 배 2척이 접안할 수 있었으며, 2부두는 6,000톤 급 배 2척과 1,000톤 급 배 2척, 그리고 7,000톤 급 배 3척이 접안할 수 있었다. 3부두에는 10,000톤 급 배 6척과 4,000톤 급 배 1척이 접안할 수 있었으며, 4부두에는 10,000톤 급 2척과 8,000톤 급 2척, 4,000톤 급 1척이 접안할 수 있었다. 중앙부두에는 8,000톤 급 배 4척이, 북항부두에는 1,000톤 급 배 2척이 접안할 수 있었다. 당시 총 유휴 선박 능력은 19만 2천 톤이었다.

그 결과, 한국전쟁 기간 내내 200만 명이 넘는 미국을 비롯한 다양한 국적의 군인과 수많은 전쟁 물자들이 부산항을 통해 드나들었다. 그리고 이들 군인과 물자는 활용 가능한 철도와 도로, 그리고 연안항로 등 교통시설을 이용해 전선으로 오고 갔다.

좌 [사진 1] 부산항에 100만 번째 들어오는 유엔군 병사
우 [사진 2] 부산항에 200만 번째 들어온 유엔군 병사

사진 1은 1951년 8월 6일 부산에 주둔하고 있던 제2병참사령부 소속 제7중간항만수송대의 환영을 받으며 입항하고 있는 100만 번째 병사를 촬영한 사진이다. 제7중간항만수송대는 한국전쟁 발발 초기 미 8군 24사단을 지원하기 위한 극동사령부의 명령에 1950년 7월 4일 부산에 설립된 부산기지사령부가 잠시 운영하다가 제8057임시항만부대를 거쳐 1950년 8월 31일부터 1951년 11월 30일까지 부산항 부두(1~4부두)의 관리 운영을 맡았다.

사진 2는 1953년 4월 17일 부산에 주둔하고 있던 한국기지사령부 소속 제7주요항만수송대의 환영을 받으며 수속을 받고 있는 200만 번째 병사를 촬영한 사진이다. 제7주요항만수송대는 1951년 12월 1일부터 제7중간항만수송대가 확대 개편한 부대였다. 그 상위 기구인 제2병참사령부도 1952년 한국후방관구를 거쳐 한국기지사령부로 개편되었다.

하지만 후퇴와 반격, 다시 후퇴와 교착으로 이어지는 일전일퇴의 전투로 파괴되고 피폐해진 땅과 사람을 군사적이든 인도적이든 그대로 내 버려둘 수 없었다. 한국 정부가 부산으로 수도를 이전한 것도 낙동강 방어선의 교착을 돌파하기 위한 군사 작전 때문이기도 했지만, 국민과 국토에 대한 구호와 재건을 위한 것이기도 했다. 하지만 안타깝게도 그럴만한 인적, 물적 토대를 갖추지 못했다. 전적으로 유엔과 미국에 의존할 수밖에 없었다. 다만 구호와 재건의 시작과 중심이 된 공간적 토대로 부산은 그만큼 중요했다.

2. 구호의 도시, 부산

한국전쟁으로 피해 입은 '한국의 민간인에 대한 구호와 지원'은 1950년 6월 27일 안전보장회의 결의안 1511호에 기반했다. 7월 11일 다시 안전보장이사회는 그 책임과 권한을 통합 사령부에 부여했다. 유엔 사령부는 주한 미 8군의 책임 하에 '민사' 작전의 형태로 '질병, 기아, 그리고 불안'을 예방하기 위한 민간 원조 기관으로 유엔보건복지파견대를 거쳐 1950년 12월 10일 유엔민사원조사령부(UNCACK)를 설치했다.

한국의 민간인에 대한 구호와 지원은 이처럼 유엔의 결정

좌 [사진 3] 유엔민사원조사령부 월간보고서
우 [사진 4] 유엔민사원조사령부 경남팀

사진 4, 유엔민사원조사령부 본부는 임시 중앙청인 경상남도청에 있었고 경남지부는 부산 수산학교에 소재했다. 이 사진은 경남팀 사진으로 수산학교 본관 건물을 배경으로 찍은 사진으로 추정된다.

에 따라 미군의 책임 하에 민사 작전으로 진행되었다. 유엔의 결의안은 '평화 회복'이라는 한국의 민간인에 대한 인도적 차원이었지만, 그 책임과 권한이 유엔 사령부에 있는 이상 미군의 전쟁 수행에 도움이 되기 위한 군사 정치적 고려인 '민사' 차원에서 진행되었던 것이다.

유엔민사원조사령부는 본부와 지부를 각각 설치하고 민간 구호 업무에 돌입했다. 주요 활동은 공중보건과 위생, 공공복지, 경제원조, 구호 및 구제품 보급이 중심이었다. 한편, 북한 지역이 일부 수복됨에 따라 점령지 민사 차원에서 정치 및 치안 확보도 추가되었다. 하지만 후방은 여전히 '민간인 구제와 구호'가 중심이었다.

본부는 구호물자가 집중되는 부산의 임시중앙청(현, 석당박물관)에 두고 피난민이 가장 많이 몰려 있는 경남의 구호를 위한 지부를 부산수산학교(현, 부경대)에 두었다. 그렇게 구호의 시작과 중심은 부산으로부터였다. 먼저, 공중보건 및 위생과 관련해서는 전염병 예방 접종 및 DDT 방역 활동을 전개했다. 1951년 9월 30일 현재, 자체 자료에 의하면 그 활동에 따라 천연두 전년 대비 98% 차단(39,802명-> 2,255명), 장티푸스 96% 감소(사망자 3%), 발진티푸스 77%, 디프테리아 87%가 감소했으며, 나병 환자 4만 명 중 1만 2천 명을 치료하는 성과를 거뒀다고 한다. 특히 부산으로 입항하는 선박으로부터 발병한 콜레라의 경우 170만 명이 예방 접종을 완료했다. 그 가운데 항구 주민은 91%에 이를 정도였다.

또한 기본 의료품인 10만 명의 1개월 치료 분량의 세트를 연 238개 수입해 제공했다. 병원 시설로 40개 병원용 침대를 포함한 세트 32개를 배급하고 있다. 그뿐만 아니라 노르웨이, 네덜란드, 덴마크, 영국, 캐나다, 멕시코, 페루, 미국, 프랑스, 시리아, 중화민국, 태국 등으로부터 수급한 의료 지원 인력을 배치했다.

공공복지 분야에서는 피난민 구제와 관련된 활동을 전개했다. 전쟁 수난자 및 빈곤한 가족에게 우선권을 부여했다. 그 중심은 식량, 담요, 연료 및 의류 등 기본 구제품 배급이었다. 이를 위해 배급소도 설립되었다. 유엔 사령부 보고에 의하면, 1953년 6월 한국에서 하루 평균 61,282명에게 곡물, 분유, 보충 식료품 등을 제공하는 배급소가 98개 설치되어 있었다. 이 가운데 경상남도가 51개로 과반 이상을 점했다.

그뿐만 아니라 임시 수용소를 건립하는 한편 재건축 주택 1만 호 건설에 들어갔다. 또한 복귀한 국민에게는 가옥을 위해 천막과 건축 자료를 제공하고, 파종을 위한 씨앗과 농기구도 원조했다. 경제원조는 한국전쟁 이전 원조기구인 미국의 경제협조처(ECA)의 자금을 토대로 전시 긴급구제계획 하의 한국민간구호계획(CRIK)을 수립해 미 육군성의 예산에서 지출하는 원조와 유엔 가맹국이나 비가맹국의 민간 단체 및 개인이 하는 원조를 통해 식량 증산을 위한 비료 수입, 전력 지원, 섬유 제조, 어업 및 조선, 광업, 운송 등에 원조했다.

가장 중요한 부문은 구호 활동 및 구제품 보급이었다. 물자의 수급이 부산항을 통해 이루어졌고 피난민과 함께 구호를 받을 대상이 가장 많이 집중되었기 때문에 피란수도 부산은 특히 중요했다. 앞에서 언급한 미국과 유엔 가맹 또는 비가맹국을 중심으로 하는 한국민간구호계획의 구호뿐만 아니라 다양한 국제기구와 원조 단체에 의해 구제품 보급이 이루어졌다.

대표적인 국제기구로 세계난민기구(IRO)는 피복, 재봉틀, 기계류, 의료 품목 등을 지원했으며, 유엔아동기금(UNICEF)은 1951년 대한민국과 원조 협정(대한민국과 UN 국제아동긴급원호재단과의 협정서)을 맺고 '빈궁한 아동과 청춘 남녀와 임산부 및 수유하는 모성'을 위해 우유, 담요, 피복류 등 총 79만 달러의 구호품을 지원했다. 세계보건기구(WHO)도 인력 파견과 위생 보고서 작성은 물론이고 2만 달러 상당의 의약품을 제공했다. 한국이 한국전쟁 발발 직전인 6월 14일에 가입한 유엔교육과학문화기구(UNESCO)도 제6차 유네스코 총회에서 한국의 교육 재건을 위해 10만 달러의 긴급 원조를 결의했다. 유네스코는 고속 윤전기 레터프레스, 주조 설비, 사진 및 제본 기기 등과 같은 인쇄 시설과 물품을 한국으로 운송했다.

한편, 대표적인 외국 원조 단체로 미국 기독교세계봉사회(CWS)는 부산에서 재조직된 기독교세계봉사회 한국위원회를 통해 비타민과 피복류 등 27만 5천 불 상당의 구제품을 지원했다. 미국 가톨릭복지협회(NCWC)도 의약품과 피복류 등 120만 불 상당의 구제품을 지원했으며 미국 퀘이커봉사위원회(AFSC)도 17만 불 상당의 구호물자를 제공했다. 미국 대외원조물자발송협회(CARE)도 식량, 담요, 피복류 등 53만 불

상당의 물자를 제공했으며 미국 루터교 세계구호기구(LWR)
도 피복류 등 6만 불 상당의 물자를 지원했다. 미국원조기구
(ARKI)와 미국 적십자사는 교육품으로 12만 불 상당의 물자를
제공했으며 세이브더칠드런(SCF)도 피복류 등 4만 5천 불 상
당의 구제품을 지원했다. 뉴질랜드 세계구호협회(CORSO)와
노르웨이 난민기구도 각각 피복류 1만 불 및 30만 불 상당의
물자를 제공했다. 이들 구호물자는 대체로 요구호민, 즉 전쟁
피해자 및 피난민이 중심이었다. 그런데 상징적 의미에서 구

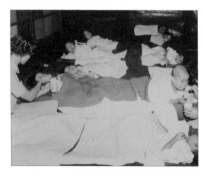 

좌 [사진 5] 1951년 9월 24일 부산항에 정박해 있던 미 해군 병원선 리포즈(REPOSE) 호
에서 내려 부산의 한 고아원을 방문한 간호장교 엘리자베스 로블레시와 헤이즐 소렌슨이
고아들에게 아이스크림을 먹이는 장면이다. 750병상과 564좌석 규모를 갖춘 병원선 리포
즈 호는 한국전쟁 당시 주로 해군 승무원과 전투 사상자 등을 한국과 일본으로 운반하는 역
할을 했다. 또한 병원선 리포즈 호는 부산항에 정박할 때, 피난민과 고아에게 음식과 옷, 그
리고 의료 처치 및 파티 등 구호 활동도 전개했다. 이날 리포즈 호는 병원선 병상과 부산의
고아원에서 고아에 대한 의료 처치와 함께 아이스크림을 제공했는데, 병원선에 보관 중인
40갤런의 아이스크림이 모두 소진되었다.

우 [사진 6] 1952년 6월 4일 부산항에 정박 중인 미 해군 경항공모함 바탄이 미국의 자선
단체로부터 받아 운반한 헌 옷들을 해군 트럭에 실어 부산 시내의 여러 시설에 전달하는 한
장면이다. 중령 랄프 W. 아르트가 미국의 자선단체 케어(CARE)가 보낸 헌 옷들을 용두산
자락에 위치한 새들원에 전달하며 한 남자아이에게 직접 옷을 주고 있다. 이날 헌 옷들은
고아원뿐만 아니라 메리놀 자매 의료원에도 전달되어 피난민들에게 나눠졌다.

호 및 구제의 대상으로서 대표된 모습은 아동에 집중되었다. 사진 5과 6은 유엔민사원조사령부에 의해 부산항을 중심으로 진행된 구호품 보급을 보여주는 장면이다.

그런데 구호물자의 지급만 아동에 집중된 것이 아니었다. 구호 활동도 아동에 집중되었다. 유엔 사령부 보고에 의하면, 1952년 6월 말 대략 31,000명의 아이들이 250개의 시설에서 보호받고 있다고 추산되었다. 250개 시설 중 다수는 유엔 사령부 산하 군부대의 직·간접적인 기부를 토대로 한 유엔민사원조사령부의 지원에 의해 운영되었다. 1953년 6월 말에는 43,625명의 아이들을 보호하는 350개 시설로 늘어났다. 이 가운데 경남이 100여 개였으며 부산에만 51개의 아동보호시설이 설치되어 있었다.

이들 아동보호시설에 대한 구제품 보급은 물론이고 대부분 군부대의 구호 활동의 일환으로 지원도 이어졌다. 대표적으로 동래에 있던 성애원 및 이사벨 보육원과 서대신동의 애린원은 한국기지사령부(KBS)에 의한 군 지원 프로그램의 후원을 받았다. 거제의 애육원은 현지 철도수송부대인 765 TROB(Transportation Railroad Operation Battalion)의 후원을 받았다. 그 가운데 유엔민사원조사령부의 부산 팀 장교 클리퍼드 매키언(Clifford G. Mckeon)이 1950년 11월 아미산 기슭에 설립한 행복산 고아원은 대표적인 아동보호시설이었다.

좌 [사진 7] 행복산 고아원과 소아과 입구 계단을 올라가는 한 작은 한국인 소년
우 [사진 8] 목발을 짚은 부산 행복산 고아원의 세 명의 고아들

사진 7은 1951년 6월 11일, 부산에 소재한 제2병참사령부 산하 언캑에 의해 지원받는 한편, 많은 클럽과 개인으로부터 온 선물에 의해 유지되는 행복산 고아원 겸 부산 무료 소아과병원 입구 계단을 올라가는 한 작은 한국인 소년을 라그론(G. Lagrones) 상병이 찍은 시리즈 중 하나이다.

사진 8은 같은 날 라그론(G. Lagrones) 상병이 찍은 시리즈 중 다른 하나로 계단을 오른 아동과 함께 또 다른 목발을 짚고 있는 아동 2명, 모두 3명이 행복산 고아원 앞에서 잡담을 나누고 있는 장면이다. 그런데 이 사진의 설명에는 '항상 전쟁의 대가를 치르는 것은 바로 아이들이다'라고 적혀 있다. 이 시리즈에는 또 다른 행복산 고아원의 사진이 있는데, 혼자서 북을 치고 있는 사진이나 '내일의 시민'이라는 제목으로 고아원 아동들이 입구 계단에서 단체로 합주하고 있는 사진이 대표적이다.

특히 행복산 고아원에는 '부산 무료 소아과병원'까지 설치되었으며, 이후 세이브더칠드런 등의 지원을 받는 아동 자선 병원으로 이 시설의 효시가 되기도 했다. 한편, 행복산 고아원은 1951년 한국인 직원, 아동, 환자까지 포함해 650명이라는 대규모의 아동보호시설이었다. 이 때문에 원내에 초등학교까지 설립되기도 했다. 행복산 고아원 입구의 "The

FUTURE of KOREA like any other GREAT NATION is dependent on the EDUCATION and WELFARE of the children TO-DAY!(한국의 미래는 다른 위대한 나라들처럼 오늘 아이들의 교육과 복지에 달려 있다!)"라는 말처럼 '한국의 미래'와 '내일의 시민'을 위해 유엔민사원조사령부가 후원하고 수많은 단체와 개인이 기부했다.

구체적인 기부 내역을 보면, 이타즈케 공군 편대로부터 전기냉장고와 돈, 지역 NCO 클럽과 인천의 제3병참사령부로부터 월 200불, 부산의 제2병참사령부로부터 1075.60불, 미국 제일침례교회로부터 옷과 선물 7상자, 미국 중앙감리교회로부터 옷 4상자, 미국 보스턴 어린이병원으로부터 수술기구와 설비, 미국 제약 공급업체로부터 관절염 치료제 등 주요 약물, 미국 고무회사로부터 장난감, 남캘리포니아 포트 잭슨의 군과 민간인으로부터 400불과 의류, 그리고 기부금을 낸 미국 어린이의 이름이 새겨진 X-Ray기계까지 기부되었다. 이 때문에 클리퍼드 매키언이 1952년 3월 본국으로 귀환하게 되어 작별을 고하기 위해 행복산 고아원에 방문했을 때, 전쟁고아들은 감사의 뜻으로 다음과 같은 송별의 노래를 합창했다.

한국전쟁! 오! 소름끼치는 전쟁터

집집은 타 버리고 그리고 양친은 이미 도라가셨도다!

꺽이운 팔다리 눈멀고 귀먹고

바다 건너 멀리서 온 위대한 사랑의 사도

굶주림을 덜어주고 쓰라린 상처를 쓰다듬어

하늘보다 높은 덕 바다보다 넓은 사랑!

어린이의 아버지 그 이름은 맥킨 소령

영원이 성스러운 그 이름은 기억될진저

하나님이여 그이에 영광 돌리소서

「행복산의 천사들」, 『동아일보』 1952.03.06)

매키언의 전역 이후 행복산 고아원은 국립 행복산 보육원으로 전환했다. 하지만 당시 한국 정부는 이와 같은 아동보호시설의 운영에 관심을 기울일 여유가 없었다. 그렇기에 부산 무료 소아과병원은 세이브더칠드런 후원 하에 아동 자선병원으로 분리 이전했다. 행복산 고아원은 사회사업가들에게 운영을 맡겼는데, 이후 터진 미곡 횡령 등을 볼 때, 이들 사회사업가들은 진정한 구호보다는 잿밥에 더 관심이 많았다. 이 때문에 매키언으로 상징되는 유엔(군)과 미국(군)의 인류애와 인도주의가 더 빛을 발할 수밖에 없었다.

물론 이와 같은 유엔(군), 미국(군)의 구호 활동을 군사적 차원('민사' 작전)이긴 하지만 인류애와 인도주의의 발로라고 할 수 있다. 다만 이것도 다중적인 차원에서 고려할 필요가 있다. 전쟁을 수행하며 죽이기도 하고 살리기도 하는 권력이 군이라고 한다면 이와 같은 구호 활동은 죽이는 행위의 이면을 상징하는 이미지라고도 할 수 있다. 더군다나 그 대상이 '전쟁의 대가를 치르는 것은 아이'일 경우 더욱더 그와 같은 죽이는 행위의 군을 은폐하기 위한 선전의 효과로 적극적으로 활용한 것이라고 볼 수 있다. 나아가 행복산 고아원의 사진과 아래 아동 재활원의 사진은 근대 권력의 표상을 그대로 드러내는 상징 장치라고도 할 수 있다. 즉, '동양'의 '장애'입은 '아동'을 '보호', '구호', '재활/재건'하는 '서구', '남성', '군인'을 노골적으로 드러낸다고 할 수 있다.

3. 재건의 도시, 부산

한편, 유엔은 기존의 유엔한국임시위원회를 폐지하고 '통일 한국'의 수립에 이바지할 유엔한국통일부흥위원회(UNCURK)를 설립하고 종전 이후 '한국의 구호와 회복'을 위한 계획을 추진했다. 1950년 12월 1일 유엔은 총회 결의안 410(V)호를 통해 다시 그 사업 수행 기관으로 유엔한국재건단(UNKRA)을 설립했다. 통일 한국을 대비한 안전 조건의 보장 조치는 유엔한국통일부흥위원회가, 재건 등 구호와 회복은 유엔한국재건단이 각각 맡게 되었다. 두 기구는 모두 부산에 설치되었는데, 유엔한국통일부흥위원회는 하야리아 기지에, 유엔한국재건단은 중앙동 별도 청사에 설치되었다.

좌 [사진 7] 하야리아 기지에 설치된 유엔한국통일부흥위원회 본부
우 [사진 8] 중앙동 옛 해무청 건물에 설치된 유엔한국재건단 본부

사진 7의 유엔한국통일부흥위원회는 1950년 10월 7일 유엔 총회 결의 376(V)에 의해 설치되었다. 위원회는 호주, 칠레, 네덜란드, 파키스탄, 필리핀, 타이, 터키로 구성되었으며, 그 권한은 전 한국을 통한 안전의 조건을 보장하는 모든 적당한 조치를 강구하는 것이었다. 본부는 하야리아 기지에 설치되었으며 회의는 주로 일등 서기의 숙소인 401호에서 실시했다.

사진 8의 유엔한국재건단은 1950년 12월 1일 유엔 총회 314차 전체 회의 결의 410(V) "한국의 구호 및 재건에 관한 결의안"과 "한국의 구호 및 재건을 위한 결의안: 재정 지원 방식에 대한 결의안(A/1567)"으로 설치되었다. 당시 국제난민기구 총재였던 로널드 킹슬리가 초대 단장으로 선임되어 1951년 2월 7일 부임했다. 이승만 대통령은 중앙동에 있던 건물을 유엔한국재건단 본부건물로 증정했다(UN한국재건국 본부건물 증정에 관한 이 대통령 담화).

다만, 유엔한국재건단의 활동이 유엔민사원조사령부의 업무와 중복되었기 때문에 대한민국 정부 및 유엔 사령부와의 협정(한·UNKRA·UNC 간의 UNKRA 사업 계획 협정)을 통해 인력과 물자 및 자금에서 협력하는 한편 '재건'에 집중했다. 즉, 유엔한국재건단은 민간인 구호, 산업 장비 구입, 농업과 어업 투자, 전력 발전 시설 복구, 교육사업 사용, 주요 항만과 철도 수리 투입, 유엔민사원조사령부의 공공보건 지원 등이 중심 영역이었다.

유엔한국재건단은 1951년 7월 27일, 유엔 사령부와 협의해 25억 달러 지출 계획을 설정했다. 그리고 1952년 17억 달러 예산으로 장기적 사업 중 단기적 사업과 정책을 시행했는데, 주로 인플레이션 방비, 주택 보급, 공공보건, 교육, 복지 시설, 산업 시설에 대한 재건 계획 설정 등이었다. 한편, 1951년 11월 3일, "한국의 구호와 재건에 대한 계획"을 유엔 총회에 제출했다. 더불어 1952년 11월 24일부터 1953년 6월 30일까지 7천만 불 규모의 사업을 채용했는데, 1,400만 불 민간인 구호, 1,000만 불 산업 장비 구입, 600만 불 농업과 어업 투자, 700만 불 전력 발전 시설 복구, 600만 불 교육사업 사용, 750만 불 주요 항만과 철도 수리 투입, 유엔민사원조사령부의 공공보건 지원 등이었다.

구체적인 활동 중 교육 분야에서 1953년 162만 6천 불의 프로그램으로 3,000개의 교실 건설 및 재건을 비롯해 해외 연수, 외국어 서적 서점, 외국어 어학원, 기초 교육 센터, 상선 교육기관, 교과서용 종이, 학교 도서관 재건, 학교 물자, 교사 훈련, 기술 교육, 문맹 교육용 교과서, 교과서 제작 공장, 대학교 물자, 시각 교육, 직업 훈련 등을 설립하거나 실시했다. 특히 상선 교육기관으로 영도에 35만 불 규모로 18개 교사와 장비를 설치하여 1954년 12월 완공했다. 또한 29만 불 프로젝트로 부산직업훈련소를 설립했으며, Y.M.C.A. 동래여자훈련소에 3,300불 기부로 농장 주택 수리 및 기계 도구 등 초기 장비를 제공하기도 했다.

다음으로 식량 및 농업 분야의 지원으로 가내 수공업, 농장 각종 물자, 생선 통조림, 어업 물자 및 도구, 어선, 어선 건조 물자, 어망, 홍수 관리, 삼림 관리 도구, 삼림 관련 교육 및 연구, 수경 식물, 채송화 및 어시장 재건, 관개 및 농경지 개간, 가축 및 수의, 토탄 생산 및 관련 기술적 지원, 산림 재건, 농업 연구 시설 재건, 농업 정보 및 지원국 서비스 재건, 돼지 염소 닭, 조사 사업을 추진했다. 특히 부산 조선소에서 5척의 어선(상어잡이 13톤 어선)을 건조했으며, 트롤 어선 10척은 홍콩에서 건조 후 부산항에 입항해 사용하도록 했다.

이외에도 주택 보급 및 보건, 위생, 복지와 관련된 재건 사업도 진행했는데, 주택과 관련해서는 한국식 주택의 보급을 비롯해 부산 수상서, 직원 숙소, 분실 및 손상된 물자 교체 등이 이루어졌다. 특히 부산의 주택 건설은 유엔군과 한국군 지원프로그램으로 건설되었는데, 한국 건축가들이 초안을 작성하고 유엔한국재건단이 계획했다. 또한 어린이 복지, 의료 물자, 이동식 진료소, 서울 국립의료센터의 건설 시설 및 기술적 지원, 간호원 교육, 고아, 지체장애 갱생, 대구병원의 재건 및 시설 기술적 지원, 백신 생산, 과부 워크숍 등도 진행했다. 사진 9와 10은 유엔한국재건단에 의해 실시된 재건 사업 중 하나인 대한민국 최초의 재활 병원인 동래 재활센터 어린이 특별관과 동래 지역의 주택 조성 사업을 보여주는 사진이다. 이처럼 대한민국 재건의 시작과 중심도 부산이었다.

4. 원조 물자의 도시, 부산

한국의 구호와 재건을 담당하며 부산에 설치된 두 기관은 정전협정이 체결되어 각각 이전하게 되는 1953년 10월 1일과 1954년 4월까지 구호와 재건 프로그램을 집행했다. 전시 긴급구호의 차원에서 진행된 '한국에서의 민간구호(CRIK)'는 약 6억 불 상당의 구호물자와 자금을 토대로 진행되었다. 이

좌 [사진 9] 동래의 국립재활센터에 근무하는 호주 물리치료사 패트릭 더간은 장애를 입은 두 어린이의 근육 강화 운동을 돕고 있는 장면이다.

동래에는 한국 최초의 국립재활센터가 개소했다. 더불어 어린이 특별관이 유엔한국재건단 자금과 유엔 본부에 수천 명이 기부한 14,000불의 선물로 만들어졌다. 어린이 특별관에는 전쟁, 사고, 소아마비 또는 기타 질병으로 장애를 입은 약 50명의 아이들이 치료를 받았다. 이들은 장애를 입은 팔다리와 근육을 다시 사용하는데, 도움이 되는 현대적 장치를 갖춘 새로운 물리치료실에서 이를 극복했다.

우 [사진 10] 1954년 유엔한국재건단의 자금과 미군대한원조(AFAK) 프로그램에 따른 건축 자재의 보급, 그리고 한국군의 노동력을 통해 동래 지역에 주택이 건설되고 있는 장면이다. 부산은 피난민의 증가와 일련의 화재로 인해 거주할 공간이 태부족했다. 수천 명의 피난 이재민들은 군이 제공한 텐트에서 생활하거나 철로를 따라 판잣집이나 사용하지 않는 석탄 창고에서 지냈다. 유엔한국재건단은 동래와 영도 두 곳에 2,000채의 주택 건설에 들어갔고, 그 가운데 동래 지역에 50채의 주택이 건설되는 현장이다.

프로그램의 대부분은 구호물자의 수급과 배급에 집중되었다. 전체 약 6억 불 중 4억 5천 불이 구호의 차원에서 유엔민사원조사령부에 의해 집행되었는데 거의 전부가 구호물자였다. 1억 5천 불 정도가 재건의 차원에서 유엔한국재건단에 의해 집행되었는데 이 또한 재건에 필요한 원조 물자가 많았다.

이 원조 물자들은 모두 항구를 통해 수입되어 배급되었는데 그 대부분이 부산항을 통해서 들어왔다. 전쟁 초기 구호 물자의 입항과 배급을 위한 교통망을 갖춘 항구는 부산항과 마산항뿐이었다. 이후 인천항과 군산항이 활용 가능해지면서 이들 항구도 활용되었다. 하지만 여전히 60~90%가 부산항을 통해 입수되고 배급되었다. 당연하게도 구호와 원조를 집행하는 두 기구가 모두 부산에 위치했고, 전쟁의 피해로부터 가장 완전한 형태의 부두와 철도를 지니고 있었기 때문에 대한민국의 구호와 재건이 부산에서 시작될 수밖에 없었을 것이다.

한국전쟁 발발 이후부터 1953년 9월 30일까지 부산항을 통해 들어온 원조 물자는 상당히 다양했다. 한국의 민간인 구호에 가장 많이 활용된 식료품이 가장 많았다. 유엔한국재건단에 의해 대량의 양곡이 들어온 것을 제외하고도 개별적으로 쌀을 비롯해 콩, 밀, 보리 등 곡물은 물론 설탕, 소금, 생선, 간유, 효모, 초콜릿, 통조림(고기, 생선), 해산물, 보존식, 다목적 음식, 식품 패키지, 유아용 식품, 마른 과일, 캔 우유, 분유, 빵 등 원자재부터 완제품까지 다양하게 유입되었다. 의복류와 침구류도 많았는데, 의류와 헌 옷, 아동복, 속옷, 신발, 면(직물), 홑이불, 누비이불, 담요, 털실 패키지(털실과 바늘), 재봉틀 등이었다. 임시 주거와 관련한 천막, 기둥, 텐트도 다수

들어왔다. 생활용품인 비누와 세탁 세제 등도 많았으며, 교육용품인 학교 책장과 서랍장, 학용품 패키지(연필과 공책), 복사기, 법률서적 등도 입수되었다. 의료용품도 야전 병원(병원선)을 비롯해 의료 및 병원 지원품까지 다양했다. 구체적으로 페니실린, 증류수, 비타민 캡슐(알약), 알코올, 에테르, 백신, 혈액, 혈청, 설파제, 의약품, 아황산염 펄프, 의료서적, 의료용 표본, 구호 소포, 메파크린 테이블 등이었다. 산업 원자재로는 대표적으로 석탄, 유류, 천연고무, 목재 등이었다. 특이하게 염소와 돼지는 물론 부화기 등도 도입되었는데, 농업 등 산업 부분의 재건과 관련된 물자였다. 이처럼 다양한 원조 물자들이 부산항을 통해 한국의 구호와 재건에 활용되었다.

원조 물자를 보내준 국가도 다채로웠다. 가장 큰 규모의 원조 물자는 역시 미국으로부터 들어왔지만, 여러 유엔 회원 및 비회원국으로부터도 유입되었다. 유럽과 남미, 그리고 호주 지역의 국가를 비롯해 이란, 레바논, 인도, 파키스탄, 캄보디아, 미얀마, 필리핀, 태국, 베트남, 중국, 일본 등 아시아 지역 국가는 물론 에티오피아, 라이베리아 등 아프리카 지역 국가까지 30여 개 국이 넘었다. 비정부 기구와 개인으로부터도 지원이 있었다. 대표적으로 한미재단, 케아(CARE), 세이브더칠드런 등 구호 자선단체와 유니테리언, 루터교, 가톨릭, 퀘이커, 제칠일 안식교, 장로교 등 수많은 국가의 종교 기관, 그리고 콜롬비아 상업회사, 일본 음식연합회 등 회사와 개인도 포함되었다. 또한 국제노동기구, 국제난민기구, 유네스코, 유엔국제아동구호기금, 세계보건기구를 비롯해 국제적십자연맹과 그 산하의 미국, 호주, 영국, 캐나다, 코스타리카, 덴마크, 그리스, 인도, 이란, 일본, 뉴질랜드, 노르웨이, 스웨덴 각 적십자 협회 등에서도 다양한 원조 물자를 제공했다. 이처럼 피란수도 부산과 부산항은 대한민국 구호와 재건의 시작이며 중심이었다. 이를 토대로 대한민국은 한국전쟁의 위기에서 벗어나 이제는 원조하는 나라로 변했다. 대한민국의 위기 극복과 전후 복구가 부산으로부터 시작되었다고 해도 지나치지 않을 것이다. 그런 의미에서 대한민국은 부산으로부터 다시 시작되었던 것이다.

오! 부산

유산으로 본 부산의 미래

피란의 공간, 착란의 도시

- 부산의 도시공간에 새겨진 생존과
희망의 공간적 서사 -

우신구
부산대학교 건축학과 교수

서울대 건축학과를 졸업하였다. 현재 부산대 건축학과에서 설계와 이론을 가르치면서 도시건축연구실을 중심으로 부산의 광복동과 서면 등의 공공공간, 서동과 반송동을 비롯한 정책이주지, 원도심의 초량동, 수정동, 영주동 등 산복도로 지역, 사하구 감천문화마을과 서구의 아미동 비석문화마을 등 도시마을에 대한 지역 리서치를 진행하여 아카이브를 구축하거나 단행본으로 출간하고 있다.

피란의 공간, 착란의 도시
- 부산의 도시공간에 새겨진 생존과 희망의 공간적 서사 -

우신구
부산대학교 건축학과 교수

현대사와 도시의 급변

부산이라는 도시에 대한 인식은 참으로 다양하다. 누구는 부산이 너무 예쁜 도시라고 하고, 누구는 정신없는 도시라고 한다. 특히, 차를 운전해서 부산에 와 본 사람들은 도로가 너무 복잡해서 어디가 어딘지 알 수 없는 미로 같은 도시라고 이야기한다. 보는 사람의 관점에 따라 부산이 다르게 보인다는 점은 부산이 다양한 모습을 품고 있다는 반증일 것이다. 물론, 인구 100만이 넘는 메트로폴리스는 한두 마디의 단어로 정의하기 어려운 거대한 복합체이다. 그럼에도 불구하고 대구, 광주, 대전, 울산 같은 도시와 비교하면 부산은 훨씬 다양한 공간과 경관을 가지고 있는 것이 사실이다. 이 글은 부산이 이렇게 다양한 모습을 가지게 된 계기를 되짚어 보면서, 그로 인해 부산에 어떤 건축적 변화가 나타났는지 살펴보고자 한다.

부산은 3백만이 넘는 인구를 가진 대도시가 되기에 부적합한 도시이다. 부산에는 산이 많은 대신 시가지를 조성할 만한 넓은 벌판이 없기 때문이다. 과거에는 왜구의 침략에 대비한 군사적 시설이 해안을 따라 늘어선 국경지대였다. 하지만, 1876년 개항 이후부터 부산은 빠른 속도로 성장하기 시작하여 1995년에는 인구가 4백만 명에 근접할 정도로 대도시가 되었다. 개항 이후 약 150년의 역사를 돌이켜보면, 부산이 대도시로 성장하는 과정은, 일정한 속도가 아니라, 두 번의 뚜렷한 변곡점을 가진 불연속적인 곡선을 그리면서 성장했음을 알 수 있다.

첫 번째는 1945년의 광복에서 1953년 한국전쟁 기간 동안으로 볼 수 있다.

개항 이후 일제강점기 동안 약 30만 명의 인구를 가진 도시로 점진적으로 발전해 왔던 부산은 광복을 기점으로 인구가 급증하였다. 일본을 비롯하여 중국에 있던 동포들이 선박을 통해 부산으로 밀려 들어왔기 때문이다. 부산에는 귀국하는 사람들만 있었던 것이 아니다. 일제강점기 동안 한반도와 만주에 거주하던 약 100만 명의 일본인 중 상당수가 일본으로 출국하기 위해 부산으로 모여들었다. 그러므로 1945년 광복 이후 몇 년 동안 부산은 들어오는 한국인과 나가는 일본인, 그 엄청난 인구이동의 소용돌이 한가운데 있었다.

두 번째 인구 급변기는 1960년대 후반에서 1980년대 초반까지 산업화 기간으로 볼 수 있다. 1970년 184만 명의 인구는 1980년에 316만 명으로 급증하였다. 일자리를 찾아 농촌을 떠나 부산으로 모여든 사람들이었다. 한국전쟁이 남겨 놓은 무허가 판자촌은 영주동을 넘어 초량동, 수정동, 좌천동, 범일동 산기슭으로 오히려 더 확산하였다. 급해진 시 당국은 1967년부터 정부와 함께 토지구획정리사업이라는 강력한 수단을 동원하여 도심 주변 경사지를 가득 메웠던 판자촌을 강압적으로 철거하는 대신 시영아파트를 짓고, 단독주택 택지를 조성하였다.

이 글에서는 부산이 대도시로 성장하는 두 번의 시대적 변곡점을 전후하여 나타난 부산의 마을과 주거에 주목하였다.

아미동 비석마을, 삶과 죽음이 교차하는 마을

1950년 한국전쟁이 발발하자, 부산은 1,023일 동안 임시 수도가 되었다. 대통령을 비롯한 행정부, 입법부, 사법부, 각급 학교, 기업, 외국 대사관까지 부산에 모여들었다. 정부가 부산으로 오면서, 혼란도 함께 찾아왔다. 피란민이 모여든 부산의 인구는 갑자기 100만 명에 육박하게 되었다. 정부에서는 항만과 철도시설 주변의 창고, 소막사, 공장을 임시 수용소로 활용했지만, 충분하지 않았다. 뒤늦게 도착한 피란민들은 가마니, 판자, 종이박스, 깡통 양철 등 구할 수 있는 재료를 모두 이용해 도시 내 빈 공간에 판잣집을 지었다. 건물 담벼락, 하천 부지, 바닷가 바위 가리지 않고 판잣집이 빼곡히 들어섰다.

시가지에서 더 이상 빈 공간을 찾지 못한 사람들은 산으로 올라가서 판잣집을 짓기 시작했다. 대청동, 보수동, 영주동 등 부두나 시장이 가까운 지역의 경사지에는 이내 판자촌이 가득 들어섰다. 일부 피란민들이 아미동 언덕의 과거 일본인 공동묘지로 올라가 묘지 위에 천막이나 판잣집을 짓고 거주하기 시작했다. 공동묘지에 처음 들어가는 것은 어려운 일이었겠지만, 한두 집 들어와서 집을 짓고 살기 시작한 후에는 금방 다른 피란민들도 따라 올라와서 살기 시작하였다.

"여기로는 집 하나도 없고 전부 다 여기 비석이었고. 그러고 좀 있으니까 여기로 피란민들이 뭐 짊어지고 아 데리고 막 오더라고. … 집이 없으니까 그 사람들이 아들은 많제. 일본 사람들 무덤이니까 시내 국제시장가서 나무같은 거 조금 사 와서 하나씩 지은 거야. 몇 년 안 되니까 싹 다 들어섰지."[1]

한국전쟁 당시 스웨덴의 의료지원단으로 부산에 와서 머물렀던 스벤손(Ingvar Svensson) 씨가 남긴 컬러사진은 한국전쟁이 끝난 1953년 겨울의 아미동 공동묘지 피란민촌과 그 아래 부산 시가지 그리고 멀리 부산항까지 잘 보여주고 있다. 아미동 비석마을의 시작이었다.

돌이켜 보면 '산 자'와 '죽은 자'의 기묘한 공생은 죽음의 고비를 넘어 살아서 부산에 도착한 피란민들에게 주어진 불가피한 선택지 중의 하나였다. 일본인들의 묘지 위에 주거를 마련한 사람들도 아미동에서 계속 살 생각은 아니었을 것이다. 가족들과 머물 수 있는 최소한의 생존 공간을 마련해야 한다는 절박함과 전쟁만 끝나면 다시 고향으로 돌아갈 꿈이 묘지 위의 삶을 견디게 하였다.

한국전쟁은 분단 상태로 휴전에 들어갔고, 아미동 묘지 위의 피난민들 중 북한 지역에서 온 사람들은 고향으로 돌아가

---

1 부산광역시 서구, 『아미·초장동 1차 아카이빙 구축사업』, 부산광역시 서구, 2016, p.46.

[사진 1] 1953년경
아미동 비석마을
ⒸIngvar Svensson

[사진 2] 동일한 위치의
현재의 아미동 비석마을
Ⓒ김은진

지 못하고 계속 거주하게 되었다. 1960년대 산업화로 부산의 인구가 증가하자 아미동의 묘지 주변에 거주하는 사람들은 오히려 더 증가하였다.

사람들이 증가하고 주택이 점점 더 늘어나면서 일본인 묘지들의 흔적은 조금씩 사라지기 시작했다. 한편으로는 편평한 주거 공간을 만들기 위해 묘지 상부의 요철 부분을 흙으로 덮어야 했고, 다른 한편으로 망자에 대한 미안함과 꺼림칙함으로 묘지의 흔적이 보이지 않도록 비석을 뒤집어 놓거나 글자를 메워 겉으로 보기에는 그냥 석재처럼 보이도록 했기 때문이다. 산업화 시대에 아미동으로 들어온 사람들 중에는 여기가 공동묘지인 줄 모르고 들어온 사람들도 많았던 것으로 보인다.

"모르고 왔지. 낸주 와서 알고 보니까 그런 식으로 나오는 거야. 그래가지고 이런 뭐야 루삥집 바닥 고른다고 하면 뭐 거소 이런 얄궂은 단지가 나오고. 일본은 화장을 해가지고 그냥 그 안에다 묻어가지고 바로 그냥 메꾸라를 시켜뿌고 이런 식으로 되뿌니까."[2]

[사진 3] 그림 계단 옆 축대로 사용되는 비석   [사진 4] 주택의 주춧돌로 사용되는 비석

하지만, 마을 곳곳을 다니다 보면 축대나 계단, 주택 기단 등에서 마을과 어울리지 않는 잘 다듬은 석재를 발견하게 된

---

2 부경역사연구소, 『부산근현대 구술자료 수집 연구용역』, 부산광역시, 2018, p.95.

다. 묘지는 확인할 수 없지만 비석마을이라고 불리게 된 배경이다.

다른 도시에서 찾아볼 수 없는 아미동 비석마을의 독특한 역사는 21세기에 접어들어 문화 콘텐츠가 되었다. 대표적인 사례가 아미동 사람들의 삶을 스토리텔링하는 그림책의 출판이다. 비석마을이 외부 사람들에게 조금씩 알려지던 2013년에 출판된 박현숙·마수민 작가의 『아미동 아이들』[3]은 일본이 패망한 이후 한국전쟁으로 피난민들이 아미동에 자리 잡던 시절의 혼란기를 배경으로 한 어린이들의 이야기이다.

2017년에 출판된 이영아 작가의 『할아버지 집에는 귀신이 산다』는 아미동 오래된 집에 거주하는 할아버지와 그 집 아래 묘지에 묻혀있는 일본인 귀신과 함께 비석을 찾는 이야기이다. 이러한 이야기들이 그림책의 콘텐츠가 되고 외부인들뿐만 아니라 주민들도 흥미롭게 받아들이는 현황은 아미동의 삶과 공간을 바라보는 사람들의 시각이 많이 변화되었음을 상징적으로 보여준다.

---

3 박현숙, 마수민, 『아미동 아이들』, 국민서관, 2013.

감천문화마을, 피난지에서 세운 유토피아

한국전쟁이 분단 상태로 휴전되자 정부는 다시 서울로 돌아갔지만, 고향으로 돌아갈 수 없는 피란민과 함께 판자촌 문제는 그대로 부산에 남게 되었다. 당국에서는 도시 기능을 저해하는 도심의 판자촌을 적극적으로 철거하는 대신 후생주택, 국민주택, 난민주택 등 공공주택을 공급하였으나, 주거난을 해소하기에는 턱없이 부족한 물량이었다.

뿐만 아니라 도심에서 철거된 판잣집은 자리를 옮겨 다른 곳에 다시 세워졌다. 그 대표적인 사례가 감천동의 태극도 마을이었다.

일제강점기 충청도 일대에서 세력을 떨치던 무극도의 도주와 신도들이 부산으로 피난 와서 태극도라는 이름으로 보수천 주변에 모여 판잣집을 짓고 거주하고 있었다. 한국전쟁 휴전 이후 피난민들이 지은 판잣집을 철거하고 있던 부산시는 1955년 보수천 주변의 태극도 교단과 철거와 이주 문제를 협상하였다. 태극도 교주는 교인들이 집단적으로 이주할 지역으로 지금의 감천 2동에 해당하는 감천동 골짜기를 부산시에 제시하였다. 품팔이 일거리가 많은 국제시장, 자갈치시장이 있는 도심에서 거리는 가까웠지만 아미동과 감천동 사이의 꽤 높은 고개를 넘어야 하고, 집을 짓기에는 상당히 가파른 경사지였기 때문에 주거지로 적당한 장소는 아니었다.

1955년 7월부터 보수천 주변의 태극도인들은 감천동 골짜기로 이주를 시작하였다.

일부 신도들은 골짜기의 경사지에서 중장비의 도움도 없이 오로지 사람의 힘만으로 등고선을 따라 좁고 긴 계단식 부지를 조성하였다. 다른 신도들은 보수천 주변의 판잣집을 하나씩 해체한 후 감천동 골짜기까지 운반해 가서 다시 조립하여 세웠다. 낡은 재료로 새로 지은 허름한 긴 창고 같은 판잣집이 며칠 만에 한 동씩 세워졌다. 불과 몇 개월 만에 전기, 상하수도, 교통 등 기반 시설이 전혀 없는 골짜기에 약 8백 세대의 신도들이 거주하는 태극도 마을이 형성되었다. 골짜기 가운데에는 태극도의 본당과 부속시설이 자리 잡았고, 주변 경사지에는 등고선을 따라 긴 판잣집이 골짜기를 에워싼 형태의 마을이었다.

[사진 5] 태극도 마을 형성 초기의 판잣집과 마을 전경

얼핏 보면 마치 수용소 같은 판자촌이었지만, 생명을 위협했던 전쟁의 공포를 벗어나 편안하게 거주할 수 있는 마을이자, 같은 종교를 믿는 사람들과 함께 거주할 수 있는 공동체였다. 아미동 고개를 사이에 두고 시가지와 격리되어 있었기 때문에 태극도 도인들만의 공간이었다.

당시 감천동으로 이주한 태극도 교인들에게는 도주가 약속했던 '천지개벽'의 순간이 오면 배우지 않은 사람들도 '무학도통'하여 신선처럼 살 수 있다는 궁극적인 희망이 있었다. '천지개벽'은 먼 미래가 아니라 곧 올 것이라고 믿었기 때문에 허름한 판잣집도, 흙바닥에 가마니만 깔은 방도 큰 문제가 아니었을 것이다. 어쩌면, 감천동 계곡은 태극도 교인들에게 그들만의 유토피아였을 것이다.

감천동 골짜기로 이주한 지 3년 만에 태극도를 이끌던 도주가 갑자기 사망하였다. 후계자를 미리 정해 놓지 않은 갑작스러운 죽음으로 태극도 교단 내부에는 갈등이 나타났고 10년 이상 분열이 지속되었다. 결국 1968년 교단은 둘로 쪼개지고 많은 도인들이 마을을 떠나게 되었다.

마을에 남아 있던 사람들도 더 이상 개벽이나 교단에 기대지 않게 되었다.

그 즈음 부산에는 산업화의 영향으로 공장이 늘어나고, 인구는 증가했으며, 도시가 확대되면서, 곳곳에서 건설공사가 진행되었다. 태극도에 실망한 감천동 주민들도 공장이나 건설 현장에서 안정되고 수입이 좋은 일자리에 집중하기 시작했다. 이전에는 모두 가난했지만, 능력에 따라 주민들 사이에 수입의 차이가 나기 시작했다.

1970년대 소득이 늘어나자, 50년대에 지은 판잣집부터 고치기 시작했다. 판잣집은 태극도 교단의 지시에 따라 획일적으로 지었지만, 주택의 개량은 각자 경제적 형편에 맞게 진행되었다. 제일 처음에는 판잣집을 블록조 슬레이트 지붕으

[사진 6] 1970년대
~80년대 주택개량

[사진 7] 2000년대
감천동 모습

로 개량하였다. 재료와 구조는 바꿀 수 있었지만, 전면과 후면이 제한되어 있는 계단식 택지이고 좌우로는 옆집과 붙어 있었기 때문에 집의 면적을 늘릴 수는 없었다. 여전히 집은 좁고 불편했다. 주민들은 지붕을 조금 더 높게 하여 부엌이나 방 위에 다락방을 넣어 자녀들의 방으로 사용함으로써 부지의 한계를 조금이라도 극복하였다.

1980년대 이후 경제적으로 여유가 생긴 가족들은 블록조 슬레이트 지붕 구조를 블록조 철근콘크리트 슬래브 지붕 주택으로 개선하거나 증축하였다. 슬래브 지붕 주택은 튼튼할 뿐만 아니라 넓고 평평한 옥상 공간을 확보할 수 있는 커다란 장점이 있었다. 좁은 골목과 계단밖에 없는 마을에서 넓은 옥상 공간은 가사공간이나 작업 공간으로 활용할 수 있었기 때문이다. 보다 적극적인 주민들은 2층이나 3층의 슬래브 주택을 지어 전세나 월세를 주어 추가적인 수입을 거두기도 했다.

1955년 처음 지어진 초기의 판잣집들은 이처럼 길고도 험난한 과정을 거쳐 지금의 슬레이트 주택이나 슬래브 주택으로 개량되고 확장되었다. 그 과정은 "최소한의 계단형 택지에 최소한의 재료를 이용하여 최소한의 세대 공간으로 구획된 획일적인 공동 판잣집"이 제각각 다른 구조와 재료를 가진 개별 주택으로 나뉘는 과정이었다. 이 변화는 또한 초기의 획일적이었던 경관이 "알록달록한 집들이 옹기종기 모여 있는" 다양성을 가진 경관으로 변화해 온 과정이기도 하다.[4] 최저 주거 기준에도 미치지 못했던 수용소 같던 태극도 마을이 세계인들이 찾아오는 독특한 경관을 가진 감천문화마을로 바뀐 배경이다.

영주동 새고장, 부산 최초의 대규모 재개발

1950년대와 60년대에 걸쳐 부산의 판잣집을 철거하려는 당국의 정책과 노력이 지속되었지만, 판자촌은 줄어들기는커녕 오히려 더 확산되고 있었다. 산업화와 이에 따른 도시화가 그 배경이었다. 1961년부터 국가 주도의 경제개발정책을 강력하게 추진하면서, 산업시설이 있는 도시의 인구가 급격하게 증가하기 시작하였다. 이들은 대부분 농촌을 떠나온 이촌향도(離村向都) 한 사람들이었다. 이러한 사정은 부산만의 문제가 아니라 서울을 비롯한 다른 대도시에서도 동일한 현상이 나타났다. 1966년 서울의 판잣집 비율이 37.8%에 달할 정도로 무허가 불량주택은 우리나라 도시에 만연한 문제였다.

---

4 우신구, 「감천문화마을의 풍경 : 공동의 종교, 개인의 생활」, 『건축과 도시공간』, Vol.09, 건축도시공간연구소, 2013, p.64.

부산의 경우 원도심 주변에 형성되었던 피난민 판자촌이 영주동, 초량동, 수정동 너머까지 확산하면서 오늘날의 산복도로 주거지를 형성하였다. 도로도 없고, 상하수도도 갖추지 못한 주거지가 확산하면서 위생, 화재, 범죄 등 사회적 문제를 야기하였다. 그뿐만 아니라, 영주동에서 수정동에 이르는 산복도로 지역은 1부두를 비롯하여 우리나라의 관문인 부산항에서 바로 정면으로 보이는 지역이었기 때문에 도시미관의 측면에서도 문제가 되었다. 배를 타고 부산에 온 외국인들이 밤에 보면 너무 아름다운데, 아침에 해가 뜨면 판자촌인 것을 발견하고 실망하였다는 자조적인 표현이 유행할 정도였다.

1960년대 말 정부에서는 부산뿐만 아니라 전국적으로 확산하는 판자촌을 철거하고 재개발하는 정책을 강력하게 추진하였다. 부산에서는 영주동이 첫 대상지가 되었다. 1967년 9월 건설부는 영주 2동 전역을 대상으로 4만 4천 평의 면적에 대해 '영주동 지구 토지구획정리사업'을 공고하였다. 특히 1968년 12월 31일까지를 시행 기간으로 정함으로써 단기간에 사업을 진행하였다.

영주동 골짜기를 가득 메웠던 판잣집은 1968년 몇 개월 만에 철거되었다. 그 자리에는 가운데에 단독주택 택지가, 주

변으로는 아파트 부지가 조성되었다. 아파트 부지에는 1969
년부터 1977년까지 시영아파트와 시민아파트 등 51동의 저
층 아파트가 건설되었다.

"… 이제 아파아트촌의 신생소도시를 이루어 어제의 너절
함이 싹 가셨다. 말 그대로 「새고장」이 된 것이다."[5]

'영주동 지구 토지구획정리사업'은 건설부가 추진했던 국
가적인 프로젝트로서 당시 박정희 대통령도 직접 방문해서
시찰했을 정도로 관심의 대상이었다. 이때 지어진 시영아파
트나 시민아파트 등은 현재 준공한 지 50년을 넘어가면서
노후화되고 일부는 빈집이 증가하여 공동화되면서 재개발
여부에 많은 관심이 쏠리고 있다.

영주동 지구에서 주의를 기울여 보고 싶은 곳은 아파트

[사진 8] 1960년대 영주동 판자촌과 재개발 계획도

---

5 동아일보, '새 향토기', 1977.01.05

가 아니라 단독주택이다. 토지구획정리사업을 통해 원래 토지를 가지고 있던 주민에게는 사업비 비율만큼 공제한 면적의 새롭게 조성된 주택 택지를 돌려주었고, 일부는 민간에게 매각된 것으로 추측된다. 현재의 토지를 조사하면 대략적으로 평균 30평에서 70평 정도 넓이의 택지였다. 당시 10평도 채 되지 않는 면적의 판잣집에 비하면 상당히 여유 있는 부지 크기였다. 이 택지를 구입한 사람들은 아마 60년대 산업화의 수혜를 입고 성장한 부산의 부유한 중산층이었을 것이다. 그들은 하나 둘 1970년대 중산층의 '드림하우스'를 짓기 시작하였다.

문제는 영주동 지구의 대부분은 경사가 매우 심한 지역이었고, 대부분의 택지가 경사지에 조성되어 있었기 때문에 집을 지을 수 있도록 견치석으로 높은 석축을 쌓아야 했다. 자연스럽게 도로에서 주택의 대문까지는 계단길을 통해 접근해야 했다. 70년대 초만 하더라도 부유한 중산층이라도 자가용을 가진 집은 그렇게 많지 않았기에 큰 문제가 되지 않았다. 오히려 계단길을 끼고 있는 높은 축대 위 혹은 아래의 새 택지를 구하여 새 집을 지으려는 중산층은 불리한 지형 조건을 다양한 아이디어를 통해 극복하였다.

대표적으로 계단길과 도로를 끼고 있는 코너의 한 주택에

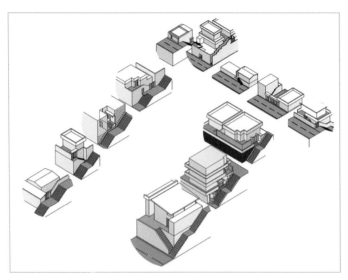

[그림 1] 영주동의 지형과 계단을 활용한 다양한 주택

는 도로와 계단에서 주택으로 출입하는 문이 3개나 있어서 1층, 2층, 3층 모두 지면과 닿아 있고 4층만 도로 면에서 계단으로 올라가도록 되어 있다. 어느 층을 1층이라고 불러야 할지 어려울 정도이다. 아마도 주인이 2층 정도에 거주하고, 나머지 3개 층은 세를 놓았을 것이다.

서로 다른 크기의 택지 위에, 서로 다른 도로와 계단길이라는 지형, 각 세대마다 다른 경제적 여건, 주인 부부가 생각했던 드림하우스, 이런 조건들이 하나하나 결합하면서 영주동 지구에는 비슷하지만 서로 다른 주택들이 하나씩 완성되었다. 지금도 영주동에는 70년대 초에 지어진 단독주택들이 많이 남아 있다. 그야말로 1970년대 중산층 주택의 백과사전을 보고 있는 셈이다.

정책이주지, 계획 없는 계획도시

그러면 영주동, 초량동, 수정동 판자촌에 살던 사람들은 어떻게 되었을까? 일부 주민을 제외하고 대부분 하루아침에 오지나 다름없었던 서동, 반송동, 반여동 등 정책이주지역으로 내몰렸다. 당시 이 지역은 시가지와 멀리 떨어진 고립된 변두리 지역이었다. 상하수도나 전기 등 기반 시설은 물론이고 학교, 시장, 관공서 같은 공공시설도 전무한 상태였다. 배차시간을 준수하지 않아 출근과 통학의 고통을 가중시키는 버스회사에 항의하여 주민들은 단체로 걷기 시위를 통해 분노를 표출하기도 했다. 영주동 판자촌의 외형적 무질서는 중산층의 고급 주택으로 정비되었지만, 그 원인은 정책 이주지역의 불편과 분노로 이전된 것이었다.

원래 교외 농촌지역의 논밭을 불도저로 평탄하게 조성하여 수천 개의 동일한 크기의 택지로 구획하여 이주민 세대에게 할당되었다. 반송동의 경우 한 세대마다 5m x 7m, 35㎡ (약 10.6평), 서동의 경우 7.6m x 6.7m, 약 51㎡(약 15.4평) 면적의 협소한 땅이 주어졌다. 경제적 여유가 없었던 이주민들은 블록 벽 위에 슬레이트 지붕을 얹은 단층 주택을 지어 살았다.

[사진 9] 1969년 반송2동 (부산시청) **[사진 10]** 반송2동 1980년(부산시청)

시간이 지나면서 정책이주지역에도 조금씩 새로운 희망이 나타났다. 도시가 확장하고 공단이 주변에 들어서면서 공장 노동자들이 마을로 유입하기 시작했고, 셋방을 구하는 수요가 증가하였다. 주민들은 방을 더 만들면 부가적인 수입을 얻을 수 있다는 것을 알게 되었다. 주민들은 그 좁은 필지 위에 갖가지 형태의 급경사 계단과 입체 퍼즐처럼 공간을 기발하게 결합하여 2층, 3층, 4층까지 증축하였다.

10평이라는 협소한 부지 면적을 최대한 사용하기 위해 허용된 건폐율과 용적률을 넘어서는 불법적인 확장과 증축이 대부분이었다. 법을 벗어나는 과다한 증축은 하루아침에 오지로 내몰린 1세대 정책이주민들의 피해에 대한 보상으로 사후에 일시에 양성화되곤 했다.

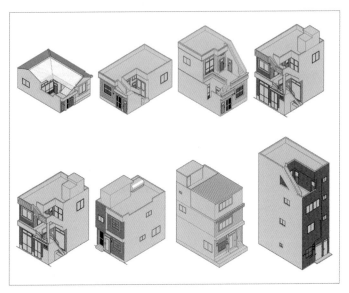

[그림 2] 반송동 정책이주지역 주거의 진화

새롭게 보는 20세기의 공간

개항 이후 광복과 한국전쟁, 산업화에 이르기까지 부산의 짧은 역사를 돌이켜보면 도시의 기본 질서를 뒤흔드는 격변이 연이어 발생했음을 알 수 있다. 그 결과 부산은 정부와 무정부, 질서와 무질서, 죽음과 삶, 정착과 배제, 합법과 탈법이 하나의 공간에서 교차하는 착란의 도시였다.

사회적 급변은 그 시대를 살았던 사람들에게 가혹한 환경을 강제하였다. 전쟁을 피해 고향과 집을 떠나 낯선 도시에서 누구의 도움도 없이 살아가야 했고, 국가와 시 당국의 결정에 따라 하루아침에 집을 철거당하고 전기나 상하수도도 없는 도심에서 멀리 떨어진 외곽에서 새 삶을 시작해야 했다. 거의 '무'에 가까운 새로운 공간에서 사람들은 '삶'을 이어가야 했다. 50년대 한국전쟁 당시 피란수도였고, 60년대와 70년대 노동집약적인 경공업의 중심지였던 부산은 희망과 좌절로 점철된 삶의 드라마가 가득한 도시였다.

그 혼란의 공간 속에서 사람들은 함께 또는 홀로, 필사적으로 또는 창조적으로 집을 지어 왔다. 전국 어디에서도 볼 수 없는 독특한 역사와 경관을 가진 마을이나, 좁은 부지라는 조건을 창의적인 공간 퍼즐로 풀어낸 다양한 주거는 피란민과 산업노동자들의 삶의 드라마가 펼쳐진 무대이면서 동시에 공간적 서사 그 자체이기도 하다.

2000년대 접어들어 부산은 탈산업도시로 변화하였다. 노동자들로 북적이던 공장들은 이제 더 이상 도심에서 찾아보기 어렵다. 부산은 이제 금융, 물류, 영상, 관광, 컨벤션에서 새로운 미래를 찾고 있다. 이런 변화는 부산의 곳곳에 남아 있는 공간적 서사에 대한 새로운 관점과 의미를 부여하였다. 20세기 후반 부산에 새겨진 생존과 희망의 공간적 서사 중에서 우리는 겨우 감천문화마을 하나를 제대로 활용하고 있을 뿐이다.

오! 부산
유산으로 본 부산의 미래

부산의 흥

- 채찍으로 팔방을 가리키며

심상교
부산교육대학교 국어교육과 교수

부산교육대학교 국어교육과 교수, 고려대 국어국문과와 동대학원을
졸업했다. 동해안별신굿과 영남지역 민속가면극을 중심으로 전통연희
의 연행성 등을 연구하고 있다. 요즘은 한국 민속신앙 속의 신격에 대
해 연구하고 있다.

부산의 흥

– 채찍으로 팔방을 가리키며

심상교
부산교육대학교 국어교육과 교수

꽹과리 소리가 귓등을 스쳐 하늘로 올라가면 태평소 소리가 뒤이어 너울처럼 허공을 가로지른다. 길군악이 울리고 용과 거북을 닮은 커다란 등을 든 사람들이 행진한다. 그리고 팔선녀, 아니 여러 명의 기생이 뒤를 따르며 사람의 눈과 귀를 호강시킨다.

이어 각양각색의 탈을 쓴 사람들이 막걸리라도 몇 잔 걸쳤는지 덩실덩실 팔을 휘저으며 걷는다. 흥이 덩실대고 흥이 팔을 휘젓는 것이다. 19세기 말부터 세병교 지나 수안동, 안락동 일대에서 일어난 일이다. 평소 같았으면 상투를 튼 아저씨들이 흰옷을 입고 지게에 짐을 올린 채 걸었을 길인데 동래야류 공연이 있었기에 그 길 위를 길군악과 기생, 탈꾼들이 흥과 함께 걸어갔던 것이다.

이만한 흥이 어디 있었겠는가. 영상매체가 발달한 요즘도

연예인이 나타나면 사람들이 몰려든다. 그리고 그들의 공연을 보면서 이름과 환호를 지르며 열광한다. 수많은 TV 드라마와 영화가 있지만 대중적인 작품에 사람들은 환호하고 열광한다. 흥과 신명을 발산시키며 새로운 감정의 세계로 들어간다. 요즘이 이럴진대 19세기 말쯤 탈놀이 공연 상황은 충분히 흥이 덩실거리며 넘쳐났을 것이다.

세상의 움직임은 지극히 체계적이고 균형적이다. 보기에 따라서는, 무질서하고 폭력이 난무하는 곳이라 생각할 수도 있지만 세상에는 무질서보다는 질서가 더 많고 폭력보다는 화해로운 모습이 더 많다. 낮이 지나면 밤이 오고 밤이 지나면 다시 낮이 온다. 태양이 밤 12시에 하늘에 떠 있는 것을 본 사람은 없다. 남녀의 생김새와 성적 역할은 뚜렷이 구별된다. 따뜻한 공기는 위로 올라가며 물은 높은 데서 낮은 데로 흐른다. 체계적이고 균형적인 세상의 이치다. 먹이사슬, 약육강식도 세상의 소중한 질서인 것이다. 빨간 신호등은 정지를 의미하고 건강을 위해 금연을 강제하며 일정한 절차를 통과해야 자격증을 받고 면허증을 취득하게 된다. 돈을 빌리고 갚는 과정이나 집을 짓고 허무는 과정도 법의 규정안에서 행해야지 임의대로 할 수 없다. 예외가 전혀 없는 것은 아니나 이처럼 세상은 틀림없이 체계적이고 균형적이다.

인간은 이처럼 체계적이고 균형적인 일상 속에서 살아간다. 일상의 지루함에 피곤해진 인간은 비체계적이고 불균형적인 세상을 궁금하게 생각한다. 일탈을 꿈꾸는 것이다. 흥을 갈망하는 것이다. 일탈을 희망하더라도 자신이 직접 일탈을 감행하기는 쉽지 않다. 법망과 윤리가 우리를 감싸고 있기 때문이다. 그래서 일탈은 부담스러우며 위험하다. 대신, 흥을 요구하게 되며 그 흥의 발산으로 일탈의 욕망을 달랜다.

간접 체험은 예술, 문학 등 여러 장르로 형식화되었다. 그중에서 공연예술은 인간의 일탈을 만족시키는 가장 오래된 장르다. 공연예술의 등장인물은 인간의 모습을 그대로 닮아 있어 내면을 통찰하고 감정이입 시키기에 편하다. 공연예술은 일탈을 바라는 인간의 마음을 알고 있기에 간접 체험을 만족적으로 수행하기 위해 여러 노력을 한다.

그래서 공연예술은 등장인물들을 평범하게 설정하지 않는다. 공연 작품 속 인물들은 대개 체계적이고 균형적인 삶에 반역적인 행동을 한다. 체계와 균형에 반역하는 일은 공연 장르의 작품을 포함해 문학이나 음악 미술 같은 예술을 만드는 힘이라고 할 수 있다. 그중에서 감정 자극을 통해 일상에 반역하는 인물이 등장하면 그 작품은 흥을 돋우는 서사가 된다. 서사의 근간이 흥인 셈이다. 일상을 견디는 힘이 흥에서 나오는 것이다. 이처럼 흥은 사람들의 감정을 부추겨 울컥하는 감동을 주거나, 정의감을 불러일으킨다. 손으로 무릎을 치게 하거나 고개를 끄덕이게 하며 선악을 구별지어 연민과 동정을 자극한다. 울림의 쾌감을 주기도 한다.

백오십 년 전쯤 동래지역에 살던 사람들은 음력 정월, 추운 일상으로부터 벗어나고 싶었다. 지신밟기도 하고 술을 마시며 춤도 추었지만 뭔가 부족했다. 그래서 일상을 엮어 비일상을 만들었다. 답답한 현실 그러나 현실은 견고했기에 한 줌 주먹으로는 깨어질 날림이 아니었다. 물리적으로 맞설 수 없는 현실이었기에 말로 현실을 조롱할 수밖에 없었고 가면을 쓸 수밖에 없었다.

불륜이라도 한 번 저지르면 답답한 삶에 무슨 변화라도 생길 것 같았지만 이 또한 가당치 않은 일이었다. 양반들에게 욕지거리라도 한번 내뱉고 싶었지만 언감생심이었고 기생방의 흐드러진 분위기와 향내 역시 상상 속의 일이기만 했다.

그러나 가면은 그들에게 용기를 주었고 신나는 꽹과리, 피리, 날라리 소리는 용기에 불을 지폈다. 용기는 신명과 어우러져 일상을 벗어나는 힘이 되었고 세상을 향한 외침으로 번져나갔다. 머리 풀고 퍼져가는 연기처럼, 전어 굽는 냄새처럼 흥은 걷잡을 수 없이 사람들의 마음에서 마음으로, 그리고 마을 전체를 감쌌다.

그러자 추위도 부끄러움도 사라졌다. 못할 일이 없었다. 흥은 사람들의 몸을 빠져나와 집단이 되었다. 그 흥을 탈놀이 안에 넣기로 작정했다. 어차피 가상인데 무엇이 두렵겠는가. 눈치 볼 필요도 없었다. 탈에 가려, 북과 징 소리에 외침은 멀리 뻗어나가지 못했지만 흥은 이미 사람들 마음속에서 강철 대오보다 더 강력한 감정 대오를 형성하였다. 탈춤이 추어지는 그 시간과 공간은 세상 무엇과도 바꿀 수 없는 자유의 시간이자 자유의 공간이 된 것이다. 흥을 통한 미적 쾌감에 사람들은 흠뻑 빠져든 것이다. 감정반역에서 나온 흥이 자유와 쾌감을 만들어 준 셈이다.

동래야류에서 흥은 통쾌한 찌르기를 가장 앞세웠다. 통쾌한 찌르기의 반은 말뚝이가 맡고 있는데, 말뚝이는 엄혹한 지배자였던 양반들을 마음껏 조롱하며 희화화하였다. 말뚝이는 가식으로 가득하고 노동 없이 온갖 이익을 향유하는 양반의 권력과 횡포를 겨냥했다.

백성은 흥으로 배를 채우고 양반은 산해진미로 배를 채웠다. 어찌 용납할 수 있는 일이던가. 더없이 소중한 것이 흥이지만 어찌 현실의 배를 부르게 할 수 있단 말인가. 말뚝이는 이를 거침없이 꾸짖었고 질책했다.

동래야류양반과장 - 말뚝이와 양반들 흥이 올라 조화로운 춤 추는 장면 2019

　동래야류에서는 말뚝이탈이 가장 두드러진다. 말뚝이탈은
동래구의 상징물이다. 그로테스크한 면과 귀여운 인상이 혼
합된 탈이다. 말뚝이는 말채를 휘두르며 양반이 탄 말을 끌
고 가는 마부이자 하인이다. 피지배계급의 건강한 에너지를
대변하는 인물이다.

　천재동 선생은 말뚝이탈의 입은 양반 집 마나님의 성기를
상징하고 입술이 빨간 이유는 지근지근 씹어서 피를 철철 흘
리게 했기 때문이라고 한다. 말뚝이탈의 오른쪽 이빨은 날카
롭고 왼쪽 이빨은 둥글게 보이기도 한다. 날카로운 이빨은
양반을 공격할 때, 둥근 이빨은 양반에게 아양 떨 때 보이도
록 한다. 말뚝이는 이빨을 통해 용감하지만 순종적인 이중적

성격을 보여준다. 이런 대조적 행태를 마조히즘과 사디즘의
결합으로 해석하기도 한다.

말뚝이의 코는 유난히 크다. 코를 크게 하는 이유는 단순
히 남성 성적 상징만을 드러내는 것이 아니라 양반 부인과
잠자리를 같이한 호색한의 모습을 드러내기 위함이다. 붉은
얼굴 전체에 그려진 검은 점들은 넘치는 에너지의 흔적이기
도 하다.

동래에 동래야류가 있다면 수영에는 수영야류가 있다. 조
선시대에 수군이 주둔하고 있었고 수군을 관장하는 본부 관
청이 있었기 때문에 수영이라고 한다. 수영야류도 19세기 말
경 초계 밤마리의 대광대(竹廣大)패를 모방하여 공연하기 시
작한 데서 유래했다. 일제강점기에 단절되었다가 광복 직후
부활하여 현재까지 재연되고 있다.

수영야류양반과장 - 말뚝이와 양반이 흥이 올라 조화로운 춤 추는 장면 2022

수영야류는 음력 정월 대보름날 연행하였다. 산신제와 함께 수영 토지신과 우물에 마을 단위의 고사를 지내고 수영팔도시장에 있는 최영 장군의 사당에서도 마을 사람들이 함께 제를 지낸 후에 연행하였다. 수영야류의 연행에서도 흥이 풍성하지만 연행을 준비하는 과정에서부터 흥은 우렁우렁 피어올랐다.

지금은 번화한 도심이 되었지만 60년대까지 수영동 일대는 농촌이었고 바다에 쉽게 접근할 수 있는 곳이었다. 그래서 좌수영어방놀이, 수영농청놀이가 수영민속 시리즈로 수영야류와 함께 전승 공연된다. 수영 일대는 흥이 끊어질 날이 없었던 것이다.

수영야류는 하나의 축제였다. 그래서 길놀이와 군무를 시작으로 야류가 시작된다. 내용은 동래야류와 비슷하다. 신명의 고귀함, 양반 풍자, 민중의 건강한 에너지, 봉건제적 질서의 비판 등으로 구성되었다. 사자무과장은 수영의 무속의식이 반영된 과장으로 동래야류와 변별된다. 수영 동남쪽에 위치한 백산의 산신인 사자를 위로하는 내용도 포함되었다.

수영야류를 놀기 위해서는 먹고 마시는 일이 수반되기에 비용이 발생한다. 이 비용은 수영지역 가가호호에서 추렴을 한다. 지신밟기에서 얻은 곡식과 돈으로 충당하기도 한다.

이 준비과정에서 흥은 서서히 끓어올랐다.

지신밟기는 수영야류와도 관계가 밀접하지만 예전에는 마을마다 신년에 액살을 물리치고 만복이 깃들기를 바라는 마음을 담아 흥을 돋우며 꽹과리 등을 치던 마을의 기본적 민속신앙 의례였다. 이런 지신밟기는 한겨울 마을 사람들의 얼어붙은 마음을 녹이는 온기였다. 이 과정에 여유 있는 사람들은 떡과 술을 내고 돈을 내서 마을 사람들이 모두 함께 흥을 즐기도록 했다.

수영야류 연희를 위해서는 탈이 필요한데, 탈은 연행이 끝나면 소각했기 때문에 매번 새로 만들었다. 현재는 소각하지 않는다. 예전에 새로 탈을 만들 때는 부정을 타지 않은 장소에서 탈과 야류 소품들을 정성껏 만들었다. 탈 제작이 끝나면 마당에 탈을 모두 모셔 놓고 간단한 제물을 차려 고사를 지냈다. 이를 탈제라고 했는데 흥을 돋우는 과정에도 정성을 다한 우리 조상들의 삶의 태도를 알 수 있다.

수영야류를 연행하기 하루 전에는 신명이 잠시 얼음 상태로 들어간다. 음력 정월 14일 밤에 시박(試瓟)이라는 것을 했다. 개인기를 자랑하면서 심사를 받는 과정이다. 탈놀음에 출연하기 위하여 각자 연습한 연기를 원로들 앞에서 놀고 심사를 받아 배역을 결정하는 것이다. 이 과정이 끝나면 얼어붙었던 흥은 다시 자유를 얻는다.

놀이마당 한가운데에 장대를 세우고 며칠 전부터 만든 각종 등을 단다. 학을 닮은 학등, 용을 닮은 용등, 봉황을 닮은 봉등, 거북을 닮은 거북등을 매단다. 등은 한지로 만들어 색칠을 한다. 등 안에는 초를 세울 수 있는 장치를 넣는다. 놀이 장소에 장작불을 피울 자리도 만든다.

대보름날 오전부터 흥은 마을을 휘감는다. 수영 들놀음 탈놀음 놀이꾼들이 풍물패를 형성하여 수영지역의 동제당과 먼물샘에 주, 과, 포를 정성들여 차리고 고사를 지낸다. 이 길놀이가 마을 골목을 지날 때 수영의 흥이 집집마다 배달된다. 산타 할아버지가 썰매 타고 하늘을 날아가듯 길놀이패의 행진은 수영마을 하늘에서 흥이 마을로 쏟아지도록 꽹과리를 울리고 날라리를 불어대는 것이다. 고사는 송씨 할매당과 조씨 할배당에서 지낸다. 먼물샘과 최영 장군당에서도 고사를 지냈다. 요즘은 수영 민속 고적 협회와 팔도시장 사이의 우물에 제를 지내고 팔도시장 사이를 지나 최영 장군이 모셔져 있는 무민사로 이동하여 제를 지낸다. 무민사도 팔도시장에 있다. 강신무에서 최영 장군은 최고위 신격으로 받들어진다. 음력 정월대보름 행사인 점을 생각하면 이런 길놀이는 새해맞이 민속신앙의 한 형태라고 할 수 있다.

지금은 정월대보름에 이 정도의 행사는 하지 않는다. 수영 야류 공개행사가 있는 6월경에 수영고적민속예술보존협회 공연장에서 수영야류를 연희하며 팔도시장 인근을 한 바퀴 도는 길놀이를 한다. 길놀이 행렬은 짧아지고 시간도 줄었지 만 수영 주민 누구에게나 선물처럼 주어지던 흥의 나눔은 그 대로 이어진다.

길놀이의 행렬이 놀이마당에 도착하면 덧배기춤을 추는 한바탕 춤판이 벌어지기 시작된다. 모두 제멋에 겨워 허튼춤 을 추며 어울려 논다. 춤을 신명나게 추다가 기운이 떨어지면 물러나 쉬거나 막걸리로 목을 축인다. 다른 지역의 동제에서 도 음복 후에 행해지는 것은 보편적인 양상이다. 수영야류가 연행되기 전의 춤판도 복덕을 나누는 자리라고 할 수 있다.

동래야류와 수영야류는 전통의 춤과 노래에 연극 등의 공 연적 요소가 총합된 종합예술로 가쁜 노동의 짐을 내려놓고 예외적인 한순간을 신명으로 풀어낸 민속예술의 정점을 이 룬다.

「이때가 어느 땐고, 때마침 삼춘이라. 꽃은 피어 만발하고 잎은 피어 너울 짓고 노고지리 오십 길은 뛰어오르고, 강가 의 말은 슬피 우네. 초당에 앉은 양반, 공연히 걱정되어 마 누라 불러 장롱을 단속하고, 훈장 불러 자녀를 단속하네. 일

호주 앞에 놓고 친구들과 한담하러 주막으로 나가려니 그 마음이 어떨소냐.」

동래야류의 원양반이 웅박캥캥 음악과 춤이 흐드러질 때 흥에 겨운 자신의 심중을 드러낸 대사다. 꽃은 만발해 있고, 미물인 노고지리와 말도 봄을 느끼는 춘삼월에 인간인들 어찌 흥을 느끼지 않겠는가. 하지만 그 흥을 좇기만 하면 아니 되기에 먼저 가족부터 단속한다. 그러면서 정작 본인은 흥을 못 이겨 친구들에게 연락하여 술 한 병을 나누려니 어찌 설렘이 돋아나지 않겠는가. 자신은 서핑하듯 흥을 타고 넘으면서 가족들은 흥에 치일까 걱정하는 양반의 이중성도 나타나지만 천지만물의 약동과 세상의 기운을 담은 흥의 긍정성이 발동되는 모습을 보여준다.

부산의 흥은 무엇보다 동래야류 말뚝이 춤에서 나타난다. 말뚝이 춤은 말뚝이 혼자의 춤으로 완성되지 않는다. 양반들과의 조화로운 춤을 통해 완성된다. 말뚝이는 말을 끌고 가는 하인을 지칭한다. 하인 말뚝이가 양반들과 조화로운 춤을 출 때 춤의 예술적 흥이 돋아난다. 조화롭게 흘러가는 춤의 궤적에서 그리고 올리는 듯 내리고 내리는 듯 올리는 손발의 동적 곡선에서 부산의 흥은 뚝뚝 떨어진다.

부산의 흥은 말뚝이의 말채에서도 휘둥그레 솟아오른다.

말을 끌고 가기 위해서는 말을 타박하는 말채가 필요하다. 동래야류에서 말뚝이는 말채를 휘두르며 말이 아닌 흥을 견인한다. 말뚝이가 팔방을 가리키며 말채를 휘두를 때, 말채 끝에서는 흥과 함께 양반을 비판하는 풍자의 고소함도 느껴진다. 풍자와 흥이 동반하는 말채에서 부산의 흥은 이성의 간섭도 용납한다. 그뿐만 아니라 금정산을 타고 내린 맑은 흥이 따뜻한 온천수의 향기를 타고 부산 여기저기로 퍼져가도록 말채는 허공에서 흥의 춤을 추는 것이다.

동래야류는 부산 동래에서 전승되는 가면극으로 실내가 아닌 야외에서 연행되기에 야류라 지칭한다. 인간의 흥과 신명을 예술로 승화시킨 한국의 대표적 고전 연극이다. 흥과 신명을 담고 있는 가면극에는 수영야류도 있다.

「저놈의 양반 거동 보소 저놈의 양반 거동 보소 갓을 벗어 등짐하고 이리 비틀 저리 비틀 비틀 비틀. 인적 없는 산에, 술 취해 누웠다가 살구꽃 핀 마을을 다시 찾아보네. 수양산 깊은 골로 가만히 슬슬 들어가니 버드나무 잎사귀를 한 움큼 주루룩 훑어다가 깊고 깊은 물에 여기도 풍덩 저기도 풍덩.」

수영야류의 수양반이 보름달이 뜬 봄날의 흥을 표현한 대사다. 수양반은 흥에 취하고 신명에 풍덩댄다. 춘월 만정한 보름날에 터질 듯 부푼 보름달처럼 수양반은 흥에 올라탄 듯 두둥실 떠오른다. 양반이 아니면 번듯한 갓을 쓸 수도 없었기에 갓은 양반의 상징처럼 여겨졌다. 그런 갓을 비켜 쓰고 비틀대는 양반의 모습에서 흥에 겨운 봄날의 정취가 아지랑이처럼 퍼져 간다. 아지랑이의 파장은 퍼질수록 거칠어져 흥을 여기저기로 밀어 올린다. 흥이라는 쪽배는 신명의 격랑 속에서 에로틱한 상상을 곁들이며 풍덩댄다.

흥은 이처럼 약한 파동으로 시작하여 점점 크고 거친 파장으로 나아간다. 아련한 꽃향기에 가슴이 열리며 어깨가 들썩이더니 어느새 팔은 활갯짓하고 발은 깨금질한다. 부산의 흥은 대체로 이렇다. 대체로 상승하며 폭발을 준비하는 기운이 흥과 가깝다 할 것이다.

부산의 흥은 하강 속에도 존재한다. 하강 속의 흥은 흥을 놓기 싫어하는 부산 사람의 마음이 드러난 것으로 보인다. 동백섬을 비롯한 모든 부산에 그리고 세상천지에 꽃피는 봄이 왔건만 형제 떠난 부산항에는 갈매기가 슬피 운다. 갈매기는 형과 이별하여 쓸쓸히 방황하는 내 마음이다. 방황하는 마음은 목이 메도록 거리를 헤매지만 결국 떠났던 그 자리로 돌아온다. 「돌아와요 부산항에」의 가사에는 이별의 슬픔이

녹아있다. 하지만 「돌아와요 부산항에」는 슬프게 불러지지 않는다. 애련을 느끼기보다 털고 일어선 마음의 홍이 드러난 노래다. 이 노래는 가사 내용을 느끼며 부르는 노래가 아닌 듯하다. 그저 부산항, 형제, 돌아왔다 등의 단어만 떠올린 채 홍에 겨워 부르는 노래로 보인다. 홍을 놓기 싫어하는 부산 사람의 마음과 정확히 맞아떨어진 노래인 것이다.

부산에는 애국가가 2개다. 부산에서는 「부산갈매기」도 애국가다. 적어도 롯데 야구가 벌어지는 곳에서 「부산갈매기」는 애국가나 다름없다. 부산 사람들은 「부산갈매기」도 부산의 홍에 얹혀 부른다. 가사 내용은 실연의 아픔이나 그리움의 정서로 가득한데 노래를 부를 때는 이런 느낌은 온데간데 없다. 그저 홍에 겨워, 그리고 차오르는 신명을 주체할 수 없을 때 이 노래를 부른다. 그것도 통곡하듯 목놓아 외친다. 이 순간 「부산갈매기」는 노래가 아니라 홍의 끓어오름이다. 가사에는 엷고 아련한 파장이 흐르는데 노래가 된 다음에는 홍이 터질 듯 부풀어 오른다. 그리고 이 홍을 함께해야 한다. 혼자 느끼는 홍보다 함께하는 마음속으로 어깨를 걸고 함께 홍겨워해야 부산의 홍인 것이다.

처음에는 한스러운 슬픔을 가졌으나 삶에서 새로운 인식을 갖게 되고 타자와 어깨 걸고 새로운 흥겨운 삶을 살아가는 이야기는 동래야류 문둥과장에도 있다. 흥을 통해 결국 고난을 극복하는 부산의 정서가 이 문둥과장에 반영되어 있는 것이다. 문둥과장 처음에는, 문둥이 한 명이 등장하여 천형에 걸린 서러움의 춤을 춘다. 잠시 후, 다른 한 명의 문둥이가 등장하고 바닥에 놓인 소고도 발견한 다음에는 문둥이에게 흥이 일어나기 시작한다. 동래야류에서 문둥이는 인간을 반추하는 현기증 같은 존재가 되었다. 문둥이들이 만들어 낸 문둥과장은 가면극이 가진 비판정신에 존재 통찰의 미학적 감각을 덧붙였다. 그래서 가면극이 예술작품으로 완성되는 데 결정적으로 기여하였다. 문둥이의 흥이 예술적 완성도를 높이는 데도 작용하는 것이다.

문둥이가 북춤을 출 때는 왼손에 북을 들고 있고 오른손에 북채를 든다. 문둥 광대 춤의 여러 동작은 슬픔이나 기쁨을 상징적으로 표현하기도 하지만 삶의 중요한 부분들을 보여주기도 한다. 그러한 동작이 마음대로 되지 않음을 한탄하며 우는 모습 등이 표현된다. 그러한 점에서 문둥 광대의 춤은 춤이나 어떤 움직임이라기보다 선명한 의미를 전달하는 언어이다. 문둥 광대는 천형을 표현하기 위해 손을 감아쥔

채 춤을 춘다. 이는 인간 삶의 고통을 표현하는 것이다. 고통은 문둥이가 소고를 발견하는 순간부터 새로운 단계로 들어간다. 소고가 흥을 가져다주었기에 이전의 슬픔은 사라지고 기쁨의 순간을 맞이하게 되는 것이다. 이때부터 문둥 광대의 춤사위는 활달해지고 다리의 놀림도 활기차진다.

문둥 광대의 춤에서 발견되는 중요한 상징은 흥의 절대성이다. 이를 통해서는 선조들의 삶에서 신명을 내기 위해 매개되는 북, 그와 동일한 의미로 상징되고 있는 풍물의 중요성도 부각된다. 문둥 광대의 춤에서 소고가 보여주는 흥은 삶의 세계관을 변화시키는 개안의 매개물이며 고통을 잊고 기쁨을 누리게 하는 매개물인 것이다. 과거의 공연예술에만 부산의 흥이 넘실거리는 것이 아니다. 영화의 도시가 된 부산 그 속에도 흥은 넘실댄다. 그것도 아주 넉넉하게 그러면서 애잔한 역설적 흥도 넘실댄다.

영화 <친구>에는 범일동 구름다리 위로 네 명의 고교생이 달린다. 앞서거니 뒤서거니 하면서 다정한 눈빛으로 서로를 쳐다보지만 손의 흔들림과 얼굴의 근육은 오직 앞으로만 내딛는 데 집중한다. 그 네 명은 어릴 때부터 한 동네에 살았다. 바다에도 함께 가고 보건소 소독차 꽁무니를 따라, 함께 달리기도 했다. 이 네 명 사이에 흐르는 것은 친구의 흥일 것이다. 그 어떤 말로도 설명할 수 없는 끈끈한 부산 남자들의 흥이 이 넷의 삶으로 설명된다. 친구에서 원수로 변한 이들의 삶이 여전히 반추되는 것은 그 속에 부산 남자의 흥이 있었기 때문이었을 것이다. 외국에 나갔다 귀국하는 친구를 도시고속도로에서 만나는 작위적 상황도 부산 남자들의 흥이 배경에 흐르고 있었기에 명장면으로 바뀐 것이 아닐까.

어린 시절부터 너무나 친하게 지내 온 두 사람의 우정은 원하지 않은 사건으로 세상과 작별한다. 우정은 흔한 것이라 세상 곳곳을 떠다닌다. 그렇지만 준석과 동수의 우정은 흥으로 가득했던 추억이 많았기에 그리고 부산 남자들의 흥이 가득했었기에 그들의 작별은 더 안타깝고 애절했다.

부산의 흥을 지피는 민속에는 굿도 있다. 굿은 복을 받기 위해 연행한다. 벌받으라고 연행하는 굿은 없다. 굿을 마뜩지 않게 생각하는 사람도 많다. 징벌의 굿은 없고 나쁜 액살 물러가라고 명령하는 것이 굿이기에 마뜩지 않게 생각할 이유는 없다.

부산의 해안가에서 연행되는 마을굿을 동해안별신굿이라고 한다. 굿은 기본적으로 신성한 제의성이 우선이기에 엄숙한 분위를 유지하면서도 춤추고 노래하면서 오락적 분위기를 형성해낸다. 그리고 엄숙함과 발랄함이 공존하고, 울음과 웃음이 교차하는 것이 동해안별신굿이다.

동해안별신굿은 부산에서부터 강원도 고성까지, 동해안의 바닷가 마을에서 매년 혹은 몇 년에 한 번씩 정기적으로 행해지는 마을 축제다. 민락동, 청사포, 기장 일대에서 전승된다. 기장 일대의 별신굿은 부산에서 가장 활발하게 전승되고 있는 공동체 신앙 제의로서, 현재 두호-대변-학리-칠암-이천-공수가 6년에 한 번씩 번갈아가며 안굿과 밖굿으로 나누어 5-7일간 연행한다.

기장 일대는 경제적으로 매우 넉넉한 곳이기에 별신굿도 풍성하게 지낸다. 기장 일대 6개 마을의 굿은 흥을 삶의 희열로 치환하는 예술의 경지를 보여준다. 별신굿에서는 마을 전체의 안녕과 평화, 행복, 풍어, 풍농, 안전을 기원하며 동시에 덕담을 나누고 안부를 물으며 함께 춤추고 노래한다. 종교적 속성과 축제적인 성격이 어우러진 멋진 우리의 전통문화가 굿인 셈이다.

별신굿은 대개 어판장이나 부둣가에 커다랗고 튼튼한 천막을 치고 진행한다. 별신굿이 연행되는 지역은 줄었으나 외적인 규모 면에서는 성대해졌다. 제물도 훨씬 풍부하게 차려

지며 굿 제단에 진설되는 지화나 장식 등도 풍성해 볼거리도 많다.

별신굿에서는 천신, 지신, 바다신, 무병장수신, 집안의 여러 신, 잡귀 잡신을 기리고 놀리는 24가지 이상의 굿이 연행되는데 굿 하나하나는 한 시간에서 네 시간 정도 연행된다. 별신굿 전체는 하루에서 일주일 정도 지속된다. 별신굿에서는 춤도 추고 대중가요도 부른다. 그 안에는 연극도 있어, 공연의 종합선물세트처럼 꾸며진다. 굿은 마을 주민들이 회의를 열어 제주를 선정하고 제물을 도맡아 준비하는 도가집을 지정하며 경비를 갹출하는 방법 등을 논의한다. 이는 당주무당이 이장, 어촌계장, 개발 위원장, 청년회 회장 등 마을의 지도자들과 협의하여 정한다.

굿이 진행되는 동안, 마을 사람들은 두려움을 없애주는 자기 암시와 즐거움과 밝은 미래를 확약 받는 체험을 한다. 새로운 삶의 에너지도 얻는다. 흥겨운 굿 가락에 취하고 음복주에 취하며 흥겨움을 이어가는 것이다. 굿이 진행되는 동안에는 전통예술과 조상숭배, 경노사상의 문화도 이어간다. 안과태평, 시화연풍, 부귀공명, 자손발복, 풍어, 풍농, 죽어 좋은데 가는 기원은 굿의 구체적이면서 실제적인 이유다.

연초에 부산 바닷가 마을 일대를 지나다 보면 풍어제를

한다고 써놓은 펼침막이 가끔 걸린다. 복을 기원하고 축제를 알리는 펼침막이다. 이 굿을 구경하는 것은 수천 년 동안 전승돼 온 부산의 흥을 즐기는 것이다. 호남의 무속은 소리와 선율이 발달해 있지만, 동해안별신굿은 타악기의 장단이 두드러진다. 흥을 두드러지게 연주하는 것이 부산지역 굿의 음악적 특징이기도 하다.

이처럼 부산의 흥은 서서히 퍼져가는 물결처럼 시작되어 결국 거친 파도가 되어 삼키려는 듯 달려든다. 이런 흥은 영남지역의 대표적 민요인 옹헤야, 쾌지나칭칭나네 등과 같은 흐름의 연장선에 있다고 할 수 있다. 다양한 장르로부터 쌓인 흥들이 부산의 흥을 이루고 있는 것이다. 궂은 비 내리는 날, 도라지 위스키 한 잔도, 어쩌다가 한바탕 턱 빠지게 웃고는 그 아픔을 웃음에 묻는 넉넉함도 모두 부산의 흥일 것이다.

오! 부산
유산으로 본 부산의 미래

한국전쟁기
피란수도 부산과 문화 르네상스

이순욱

부산대학교 국어교육과 교수

부산대학교 국어교육과에서 근대문학과 문학이론, 매체론을 가르치고
있다. 이즈음 직하아카데미와 문화예술콜로키움 빠삭에서 뜻을 같이
하는 동학들과 한국문화사와 지역예술사를 쟁기질하며 웅숭깊은 나날
을 보내고 있다.

한국전쟁기
피란수도 부산과 문화 르네상스

이순욱

부산대학교 국어교육과 교수

한국전쟁과 부산

한국전쟁기는 부산이 세계의 집중적인 관심을 끌게 된 시기다. 전황이 급변하면서 정부기관을 비롯한 서울의 각종 제도가 부산에 터를 잡았으며, 도시는 대규모 피란민들로 흘러넘쳤다. 부산이야말로 더 이상 물러설 수 없는 땅끝이자 끝의 끝, 자유의 교두보로 인식되었기 때문이다. 부산이 변방의 항구도시에서 피란수도로, 냉전의 중심 지역으로서의 위상을 지니게 된 것은 한국전쟁의 결과였다. 도시의 면모와 정체성이 급격하게 변화하는 가운데 문화지형 또한 빠르게 재편되었다. 그런 점에서 한국전쟁기는 부산지역 문화예술의 존재 방식과 향방을 읽어낼 수 있는 중요한 지점이다.

피란문단의 형성과 전시문학

한국전쟁이 문화지형의 재편을 가파르게 촉발하면서 서울 중심의 한국문단 또한 격랑에 휩싸일 수밖에 없었다. 문학사회의 지역 재편이 격심하게 진행되었던 만큼 갑작스러운 문단 이동으로 지역문학사회도 혼란에 휩싸이기는 마찬가지였다.

포연 자욱한 폐허의 전장에도 꽃은 피는가. 부산은 충격여파를 깊이 헤아릴 여유도 없이 피란문인과 토박이문인이 중층을 이루어 새로운 문학사회를 구축하였다. 1952년 8월 7일 부산에서 문화보호법(법령 제248호)이 공포되고, 1953년 4월 14일 문화인등록령이 대통령령으로 공포되었다. 이에 따라 1953년 5월 문총은 문화인 등록과 관련하여 대책위원회를 조직하여 기술적인 검토를 하고, 동 위원회 구성은 상위(常委)에 일임하기로 결의하였다. 5월 24일 제6회 총회에서 선임된 임원은 위원장 박종화, 부위원장 이헌구·이종우·모윤숙, 심의위원장 도상봉·부위원장 이하윤, 사무국장 곽종원·차장 박태현이다. 문화인등록령이 공포되었을 당시 언론계와 예술계의 반발이 있었지만, 문화인 등록은 수속 절차가 간소화되어 1953년 6월부터 1954년 1월까지 문교부에 접수되었다. 9월에는 예술가 자격 심사위원(박종화, 염상섭, 고의동, 장발, 현제명, 이주환, 유치진)이 위촉되어 문화인의 자격을 확정하였다. 이에 따라 1954년 9월 공식적으로 자격을 취득한 문인의 수는 105명이었다. 여기에 이름을 올리지 않은 문인들까지 포함하면 한국전쟁기 당시 부산 거주 문인들은 100여 명을 훌쩍 넘는다. 이처럼 한국전쟁기 부산은 대구나 목포, 제주 지역과는 비교할 수 없을 정도로 폭넓은 피란문단이 형성됨으로써 문화적 집약과 확산이 두드러졌다.

전쟁이 촉발한 문단 재편은 문학제도와 소통 방식, 문학인들의 삶과 문학 활동뿐만 아니라 문학의 존재방식과 문학작품의 생산, 향유에도 큰 영향을 미쳤다. 특히 서울의 매체 기반과 문학제도의 유입으로 매체 생산과 향유가 폭발적으로 증가했다. 한국전쟁기 부산에서는 다른 지역과 견줄 수 없을 정도로 다양한 매체가 발간되었으며, 이러한 매체 기반은 부산 지역문학의 성장 동력으로 작용했다. 지역지『국제신보』, 『부산일보』, 『자유민보』, 『민주신보』가 작품 발표 환경을 제공했으며, 『서울신문』, 『경향신문』, 『동아일보』, 『조선일보』, 『연합신문』, 『평화신문』 들도 피란지 부산에서 복간과 속간을 거듭했다.

『신조』 제2집(1951.7) ⓒ이순욱　　　『주간국제』 12호(1952.5) ⓒ이순욱

『신조』, 『주간국제』, 『주간문학예술』, 『자유세계』, 『문화
세계』, 『신사조』, 『도덕』, 『경남공보』(뒷날 『경남공론』으로 개제),
『용천』, 『신생공론』, 『수산』, 『중학시대』, 『자유예술』, 『예술
타임쓰』, 『학원』, 『어린이 다이제스트』, 『파랑새』 들의 잡지
매체 발간도 잇따랐다. 이 또한 신문매체와 마찬가지로 문인
들의 주요한 작품 발표 공간이었을 뿐만 아니라 전시문화담
론을 적극적으로 생산하는 데 이바지했다. 당시 부산·경남에
서 발행된 매체는 신문이 24종, 통신이 9종, 잡지가 33종을
훨씬 웃돌았다. 아직 밝혀지지 않은 매체까지 더하면, 서울
중심의 출판물 생산과 유통이 일시에 피란지 부산으로 이동
한 셈이다. 용지난에다 인쇄 환경의 미비로 등사본 문학서적
의 생산이 두드러진 것도 이 시기의 특징적인 현상이다. 특

히 청년문사들의 문학적 열망을 고스란히 담고 있는 학생 동인지 매체는 절반 이상이 등사본으로 발간되었다.

피란문단의 형성과 대규모 출판문화제도의 유입으로 촉발된 매체 생산과 향유 경험이 부산문학사회에 끼친 영향은 넓고 깊었다. 특히 새로운 잡지 매체의 등장과 문학 후속세대의 발굴은 1950년대 문학사회의 지형 변화와도 맞물린다. 어린이 대상의 『새벗』(1952.1)과 『어린이 다이제스트』(1952.9), 『파랑새』(1952.9)와 학생잡지 『학원』(1952.11), 『중학시대』(1952.12)는 청년문사들에게 발표 지면을 제공하였으며, 문학 향유 경험의 폭을 한껏 넓혀 놓았다. 산발적으로 이루어져 왔던 중등학교 문예반 활동에다 이러한 잡지매체가 열어놓은 새로운 문학 환경은 청년문사들에게 작품 생산의 가능성을 확대했을 뿐만 아니라 습작문단시대를 열어젖히며 학생문단을 형성하는 데 이바지하였다. 이처럼 한국전쟁기 부산은 열악한 출판 환경 속에서도 마산이나 진주, 통영 들의 인근 지역 인쇄시설을 이용하여 다양한 매체를 발간함으로써 지식 생산과 문학 활동의 중심지로 우뚝 서게 되었던 것이다.

1·4후퇴 이후 피란문단이 두텁게 형성되자 전국문화단체총연합회(이하 문총)는 피란문인들을 중심으로 조직 활동을 전

개했다. '3·1절 경축 기념 예술대회(1951.3.1)'나 '전시문예강좌
(1951.5)', '3·1절 기념 예술인대회(1952.3.1)' 들의 선무 활동이
대표적인 사례. 이 행사에는 부산의 토박이문인뿐만 아니
라 피란지 대구, 마산, 진주지역의 문인들이 총동원되었다.
비록 사상전의 필요에 따라 기획되었다 하더라도, 문총 주도
의 활동은 부산의 문학 분위기를 형성하는 데 일정하게 기
여했다. 전시문예강좌에 대한 지역민들의 폭넓은 관심은
이를 단적으로 뒷받침한다. 전시문예강좌는 지역 신문사의
후원으로 군관민의 유기적인 협력을 모색하고 "결전에 대
처하는 문학도들의 분발과 정신적 무장"을 추진하기 위해
개최되었다. 자체 행사 이외에도 문총은 지역 차원의 문화
행사에 실질적인 도움을 주기도 했다.

1952년 10월 해양문화사에서는 "바다에 대한 선전 계몽의
필요성"에 따라 저명한 시인들의 시를 얻고 화가들을 동원하
여 해양시화전을 개최하였다. 10월 18일부터 22일까지 봉선
화 다방에서 20여 편을 전시하기도 했다.[1] 이때 시를 출품한
시인은 김용호, 김수돈, 김춘수, 김달진, 김윤식, 김장호, 김
상옥, 고려송, 고원, 박호심, 손풍산, 손병래, 손동인, 설창수,
심재열, 김태홍, 유치환, 조병화, 이주홍, 이설주, 정진업, 이

---

1 「해양시화전을 보고」, 『국제신보』, 1952. 10. 22, 2면.

민영, 장익성, 박태진, 김건, 문명양이며, 화가로 참여한 이는 한묵, 서성찬, 이준, 임호, 김경, 이준, 백영수, 이주홍, 양달석이다.[2] 박태진은 이 행사를 통해 "바다를 사색하고 바다와 친근할 수 있는 요동하는 바다의 생명을 포착함으로써 우리 민족의 진로를 발견할 수 있는 무슨 새 힘을 얻는 듯한 감흥을 느끼게 될 것"이라고 전망했다.

전시(戰時) 후방지에서 문학인들의 임무는 애국심과 승전 의지를 고취하는 데 있었다. 수난기와 종군기, 탈출기, 결전시(決戰詩)라는 이름으로 발표된 애국시, 소설, 논설, 평론 들을 양산한 것은 차라리 강박관념에 가까웠다. 피란문인들은 전선의 변화에 따라 종군 또는 참전하였으며, 문총 주최의 문화 행사에 참가하거나 작품 활동으로 생활을 꾸려나갔다. 그런 까닭에 대체로 전쟁에 대한 비판적 성찰보다는 국가주의와 애국주의를 적극적으로 고취하고 선양함으로써 전시문화전선을 구축하였다. 더러 후방 피란지에서의 고단한 일상과 삶의 황폐성, 절망의식을 문학적으로 표출하기도 했지만, 국가주의 담론에서 자유로울 수 없었다.

피란문인들의 애환이 가장 질박하게 묻어 있는 장소는 다방이었다. 특히 광복동 일대의 다방은 피란문인들의 안식처

---

2 강상중, 「해양시화전을 마치고」, 『수산』 3호, 해양문화사, 1952, 13쪽.

이자 주요한 창작 공간이었다. "부산 거리 어느 골목에 다방 없는 골목이 없"으며, "다방을 둘러보아도 각계각층 인사들이 오뉴월 뒷간에 구더기처럼 법석대고 있다."[3]는 말을 통해 당시 피란지 부산에서 다방이 문화 사랑방의 역할을 했음을 짐작할 수 있다. 실제로 문예사를 통해 알 수 있듯이, 서울에서 피란 온 잡지사들은 사무실이나 편집실을 쉽게 확보할 수 없었다. 따라서 다방은 기획실과 편집실 역할을 대신하는 공간이었다.

이처럼 한국전쟁기 부산은 대구, 목포와 더불어 문단의 지역적 재편이 이루어진 지역이다. 이 가운데 피란수도 부산은 서울의 문학제도와 환경, 문학매체, 문인들이 대거 유입되면서 이전과는 확연히 다른 문학 환경이 형성되었다. 특히 문총 본부가 들어서 후방지역 중에서도 문단 재편과 문학인의 유입이 가장 급격하게 이루어졌다. 그만큼 부산지역은 문단 재편에 따른 피란문단의 형성으로 그 어느 때보다도 지역문학의 위상을 새롭게 설정할 수 있는 내적 동력을 확보할 수 있었다.

---

3 「두부잡필(逗釜雜筆)」, 『국제신보』, 1953. 5. 26, 2면.

정훈음악과 대중음악

한국전쟁기 피란수도 부산에는 전시음악사회가 형성되었다. 문화의 지역 재편이 이루어짐으로써 부산음악이 도약하는 계기를 마련했다. 토박이음악인과 피란음악인의 교류를 통해 전시음악 활동을 펼쳐나갔다. 전시음악사회의 형성과 전개 과정에서 부산음악사회도 가파르게 재편되었다. 해방기 부산음악사회에서 큰 비중을 차지했던 교사-음악가와 아마추어 음악인들의 활동은 한국전쟁 이후 쇠퇴하였으며, 일부 음악인이 반공 이데올로기의 희생양이 되기도 했다. 그만큼 한국전쟁기는 피란음악인이 부산음악사회의 성장을 일방적으로 견인했다고 보는 기존의 시각에서 벗어나 부산음악인들과 피란음악인들의 상호 교류를 통해 전시음악사회를 폭넓게 형성하고 다양한 활동을 전개해 나갔다고 볼 수 있다.

한국전쟁기 부산에서 결성한 전시작곡가협회(1951)와 실험악회(1952)는 각별한 의미를 지닌다. 전시작곡가협회는 장수철, 김대현, 박재훈, 윤용하 들의 피란작곡가들과 부산의 이상근, 윤이상이 결합한 단체다. 실험악회는 전봉초, 신재덕, 안용구 들의 중견음악인들이 결성한 실내악 단체로, 창작활동의 다각화를 추구하고 음악의 본질적 가치를 모색하는 새로운 실험을 시도하였다. 여기에 윤이상이 이름을 올렸다. 이 단체는 부산에서 연주회를 5~6회 개최했으며, 환도 후 서울로 옮겨 서울실내악회로 개칭했다. 이들은 지역작곡가들의 작품 연주에 관심을 가져 1952년 12월 부산 이화여대 강당에서 개최한 이상근 작품발표회의 반주를 맡기도 했다. 윤이상, 이상근, 정윤주와 같은 지역작곡가의 작품에 눈길을 주고 실연 기회를 제공한 일은 실험악회의 성과라 할 수 있다.

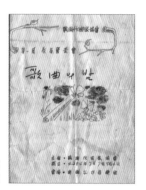

전시작곡가협회 제1회 작품발표회 팸플릿
(1951.7.7) ⓒ남영희

한국전쟁기 음악은 대체로 정훈 활동의 일환으로 이루어졌다. 한국전쟁이 사상전·심리전의 특성이 뚜렷했던 만큼 전방위로 전개된 정훈 활동은 전쟁의 주요한 전략이었다. 이때 음악은 무력을 앞세운 군사전략으로 간주되었으며, 정훈음악은 사상, 정보, 심리전에 적극적으로 동원되었다. 각 군 군악대를 비롯해 김생려의 해군정훈음악대와 육군교향악단이 대표적인 정훈음악단체다. 육군교향악단은 김판기가 이끄는 육군군악학교 연주대를 모체로 한 단체로, 부산의 김학성이 이끈 부산관현악단과 결합했다. 이들은 정부와 군 행사, 유엔 및 외빈 초청 행사를 비롯해 선무공작과 위무활동에 적극적으로 참여했다. 두루 알다시피 해군정훈음악대는 서울시립 교향악단, 육군교향악단은 KBS교향악단의 모체가 되었다.

군가와 전시국민가요, 전시동요, 전쟁가요의 창작과 보급도 같은 맥락에서 이해할 수 있다. 후방사회의 단결이 일선의 전투 못지않게 강조되는 분위기 속에서 전시국민가요는 승전의지와 애국심을 노골적으로 담아냈다. 전시국민가요 개창을 통해 적과 대치하는 국민의 정체성을 형성하였으며, 이 과정에서 반공 이데올로기는 삶을 지배하는 논리로 자리 잡았다. 1950년 9월 경상남도 비상사태위원회는 국방부 정훈국과 함께 조국통일을 내용으로 하는 <백두산 행진곡> 가사를 현상 모집했다. 이와 별도로 국방부 정훈국에서는 출정, 멸공 승리, 삼팔선, 군인을 주제로 군가와 민요 가사의 현상 모집을 실시했다. 국군과 국민들의 전의를 북돋기 위한 <중공 격멸의 노래>는 주요 일간지에 악보를 게재하여 개창 운동을 전개하기도 했다.

전시 음악교과서에 수록한 전시동요도 마찬가지다. 가사에 전쟁 관련 소재를 직접적으로 수용함으로써 타자에 대한

적대의식과 지배 이데올로기를 강화하는 미디어로 기능했다. 전시 상황에서 음악은 반공주의와 애국주의의 강화, 민주주의 이념의 관철, 후방의 단결과 통합에 이바지했다. 한국전쟁기 음악은 반공주의와 국가주의의 자장 안에서 전시문화전선의 구축에 동원되면서 국가 만들기라는 역할을 수행했던 셈이다.

전쟁가요 역시 반공주의의 강화와 전시 동원, 싸우는 국민 형성의 도구로 널리 활용되었다. 유호 작사·박시춘 작곡·신세영 노래 <전선야곡>은 고향에 두고 온 어머니의 사랑을 그리는 노래로 널리 애창되었다. 피란 대중음악인들은 '군번 없는 용사'로 참전하거나 후방 무대를 누비기도 했다. 윤부길이 조직한 육군연예대(군예대), 육군본부 국방부 정훈국 문예중대, 육군정훈악대, 해군정훈악대, 육군교향악단, 국립경찰취주악대, 미군악대 들에서 활동했다. "위문공연 활동 중 죽더라도 국가에 보상을 요구하지 않겠다."는 내용의 각서 '먹물 도장'을 작성할 정도로 목숨을 건 활동이었다. 가수 현인은 이때 교통사고로 입은 허리 부상이 평생 고질병이 되기도 했다.

부산은 전쟁이 빚은 참화를 담은 대중가요의 산실이기도 했다. 한국전쟁 중 중앙방송국 역할을 담당한 HLKB 부산방송국은 이를 확산하는 기반이었다. 작곡가 이재호는 부산방송국 경음악단 지휘를 맡았으며, 백난아는 부산방송국 전속 가수로 활동했다. 한복남은 국제시장에서 축음기 부속품을 파는 고물 장사를 하면서 도미도레코드를 설립하여 <꿈에 본 내 고향>(박두환 작사·김기태 작곡·한정무 노래)을 발매했다. 김능억 과 임정수는 서구 남부민동에서 미도파레코드를 설립하여 <경상도 아가씨>(손로원 작사·이재호 작곡·박재홍 노래)를 발매했다. 이를 통해 피란지 부산에서 대중가요의 맥을 이어나갔으며, 전후에는 가요계의 메이저 음반사로 발전했다. 또한 김흥산 이 부산에서 설립한 제물포악기점은 피란음악인들이 모여든 사랑방이었다. 그는 손영준과 합자해 스타레코드사를 설립하 기도 했다. 문화극장 옆에는 코로나레코드사의 간이 취입소 가 있었다. 여기에서 일반인이 음반을 취입했는데, 음악뿐만 아니라 유언, 훈화, 육성 편지, 연설 들이 포함되어 있었다.

부산·경남 출신의 대중가요계 인물로 작곡가 손목인(진주), 박시춘(밀양), 반야월(마산), 이재호(진주), 백영호(부산), 가수 고 복수(울산), 남인수(진주), 현인(부산)을 들 수 있다. 그밖에 백영 호, 신해성, 은방울자매, 백설희, 오주스, 정향, 방태원 들이 무렵 부산의 가요계를 수놓았다. 한국전쟁기는 대규모 이주 와 이산, 실향에 따른 고통과 아픔, 피란살이의 시름과 설움 이 점철된 시기였던 만큼 대중음악은 이러한 상처를 달래준

매체였다. <군세어라 금순아>(강해인 작사·박시춘 작곡·현인 노래)는 흥남철수를 배경으로 실향민들의 아픔과 사랑을 그렸으며, <경상도 아가씨>(손로원 작사·이재호 작곡·박재홍 노래), <꿈에 본 내 고향>(박두환 작사·김기태 작곡·한정무 노래), <함경도 사나이>(손로원 작사·라화랑 작곡·손인호 노래)는 실향의 아픔과 부산 사람들의 정을 노래했다. <이별의 부산정거장>(호동아 작사·박시춘 작곡·남인수 노래)은 서울 환도로 부산을 떠나는 심경을 그린 노래다.

이 시기 대중가요에서 많이 다루었던 부산의 대표적인 장소는 영도다리, 국제시장, 40계단이었다. 삶터이자 일터, 잃어버린 가족을 만날 희망의 장소들이다. 대중가요가 한국전쟁기 피란살이의 시름과 설움, 실향민과 이산가족의 통한을 달래주며 널리 애창되는 가운데 부산의 심상지리는 제2의 삶의 터전이자 제2의 고향으로 자리를 잡았다.

피란미술사회의 약진과 전시회

미술이 전쟁 수행의 선전도구로 활용되기는 여느 장르와 다르지 않았다. 한국전쟁 발발 이후 미술은 전쟁 수행의 선전도구로 널리 활용되었다. 공보처에서는 예술인 종군제도를 도입하여 미술인을 전선으로 파견하기도 했다. 해병대 양달석, 동부전선 박성규, 우신출, 이준, 중부전선 서성찬, 임호, 박정수를 비롯해 장욱진, 한묵, 송혜수, 김인승, 김병기, 이마동 들이 종군화가로 활동했다. 1950년 11월 종군스케치전, 1951년 2월 양달석 해군종군보고전, 3월 종군화가단 전쟁미술전, 12월 종군화가단 전쟁기록화전, 제2회 해군종군화가전, 1952년 3월 제4회 종군화가전, 7월 6·25 두 돌 기념 종군미술전, 12월 제4회 해군종군화가전, 1953년 3월 종군화가단 전쟁미술전이 잇따라 개최되었다. 1951년 1월 해군정훈국 주최 전시기록미술전, 2월 치안국 공보실 주최 싸우는 경찰관의 모습 미술전, 9월 전쟁기록 전람회도 같은 맥락에서 이해할 수 있으며, 해군본부 정훈감실에서는 8·15기념 제2회 해양미술전람회를 밀다원다방에서 열기도 했다.

1·4후퇴 이후에는 김인승, 박영선, 김환기, 도상봉, 남관, 이마동, 이세득, 한묵, 장욱진, 손응성, 정규, 이중섭, 김병기,

우신출 종군화, 〈동해 진군〉
(1950.10.2)
ⓒ부산시립미술관

김영주 들의 전국 미술인들이 피란수도 부산으로 대거 유입되어 전시미술사회가 확대되었다. 1951년 1월 백영수 소품전, 김은호 동양화전, 2월 남관 개인전 들이 부산에서 열렸다. 전쟁 직후 조직한 문총구국대에서는 1951년 3월 1일부터 광복동 밀다원다방에서 3·1기념전을 개최했다. 재료난으로 소품전 정도에 그쳤으나 전국 화가들이 참여한 행사라는 점에서 의미가 컸다. 같은 해 10월 대한미술협회 주최 제3회 전시미술전이 창선동 외교구락부 2층에서 열렸다. 비교적 규모가 큰 행사였으며, 부산·경남 화가 김남배, 서성찬, 양달석, 우신출, 이준, 문신, 전혁림, 임호 들이 출품했다. 이때 서양화부에서 남관이 국무총리상, 김환기가 문교부장관상을 수상했다. 11월에는 김인승, 박영선, 박득순, 서성찬, 임호, 백영수가 밀다원다방에서 6인전을 개최했다. 이 무렵 추상 경향의 김환기, 이준, 한묵, 문신 들이 후반기동인전을 열기도 했다.

1952년 2월 18일부터 21일까지 녹원다방에서 백영수 개인전이 열렸다. 이때 작성한 『기념첩』에서 김환기, 이중섭, 남관, 양달석, 임호, 서성찬, 도상봉, 박성환, 이봉상, 박영선, 이응로, 김용환 들의 미술인과 문인, 언론인, 영화인, 연극인, 음악인들을 망라한 문화예술계 90여 명의 이름을 확인할 수 있다. 이를 통해 전시 부산 피란예술사회의 동향을 파악할 수 있는 셈이다. 3월에는 재부화가 30여 명의 출품으로 개최된 대한미술협회 주최 3·1기념전이 창선동 일대 다방에서 성황을 이루었다. 피란화가들의 개인전이 열리곤 했으나, 작가의 창작 역량을 담아내는 전시회라기보다는 생계 목적으로 소품 몇 점을 선보인 정도에 불과하다는 평이 지배적이었다. 4월 국제구락부에서 열린 천경자 개인전에는 28점이 출품되었다. 11월에는 문총 주최 월남미술인 작품전이 열리기도 했다. 12월 대청동 르네쌍스다방에서 열린 기조동인(基潮同人) 창립전은 소품이나마 내용이 비교적 충실했다고 평가된다. 피란화가를 중심으로 결성한 이 단체의 주요 구성원은 이중섭, 한묵, 장욱진 들이었다. 1953년 3·1기념전은 부산역 앞 콘세트 가설화랑에서 열렸다.

1953년 3월 부산 화가 6인이 토벽(土壁) 동인을 결성했다. 서성찬, 김영교, 김종식, 김윤민, 임호, 김경이 그들이다. 대청동 르네쌍스다방에서 제1회 전시회가 열렸으며, 같은 해 10월 창선동 휘가로다방에서 제2회 토벽동인전을 개최해 역작을 선보였다. 그러나 1954년 6월 실로암다방에서 열린 제3회 토벽전을 끝으로 해산하고 말았다. 같은 해 4월에는 천경자, 변관식, 박상환, 이준 개인전이 열렸다. 5-6월 광복동에 임시로 설치한 국립박물관에서 제3회 신사실파 전시회가 열렸다. 김환기, 유영국, 이규상, 장욱진, 백영수, 이중섭이 작품 27점을 전시했다.

한국전쟁과 지역연극의 향방

한국전쟁기에는 서울에서 밀어닥친 악극, 국극, 극단 신협의 바람이 여전했다. 아울러 서울 연극인들이 피란수도 부산으로 대거 모여들었다. 신협, 예술극회(藝術劇會)와 같은 연극단체들이 부산에서 단원을 규합하여 활동을 전개했다. 마산, 진주, 통영 등지에서 순회공연을 펼치기도 했다. 부산에서는 1954년 이주홍, 정진업, 이시우, 김수돈, 남상협 들을 중심으로 청문극회가 결성되었다. 비록 자생력을 갖추는 데까지 나아가지는 못했으나, 고교 연극부와 대학 연극부를 중심으로 부산연극의 역량을 결집하여 탄생한 극단이라는 점에서 의미가 깊다. 청문극회에서는 사극 <구원의 곡>(이주홍 작·김수돈 연출), <청춘계도>(이주홍 작·송일만 연출)를 상연했다. 마산에는 문총 마산지부 연극부와 극예사가 활동을 재개하였으며, 통영에서는 서울에서 활약하던 허남실의 귀향을 계기로 김용기, 김동기, 한하균 들이 모이게 되었고, 진주에서는 설창수, 정종화, 한동렬, 최인현, 박두석을 중심으로 자유소극장이 결

성되었다. 삼천포에서는 변경섭을 중심으로 삼천포문협이
결성되었다.

1950년대 부산·경남 공연예술사회는 자금난에 봉착하는
일이 잦았으며, 연기자 부족으로 어려움을 겪었다. 청문극회
의 경우 창립공연 작품으로 <구원의 곡>을 발표했는데, 대학
생 회원 설상영, 변현규, 문성권, 최재복, 김봉한 들이 활약했
으나 부채에 시달리다 결국 해산하고 말았다. 지역에 연극 인
재가 있다 해도 문화의 중심이 서울에 집중되어 있었기 때문
에 지역연극인들이 서울로 이탈하는 사례가 비일비재했다.
오늘날 지역 연극사회의 현실과도 거리가 멀지 않다. 게다가
영화 붐으로 무대와 관객을 빼앗기기도 했다. 이러한 상황 속
에서 부산에서는 연극단체들이 패퇴를 거듭했던 것이다.

피란무용사회와 지역무용사회

1·4후퇴 이후 다른 예술 분야와 마찬가지로 부산에는 피
란무용인들의 유입이 가파르게 이루어졌다. 중견무용인 조
용자, 진수방, 신인 이월영, 이인범, 주리 들이 대표적이다.
이들은 주로 군 예술단체에서 활동하며 군과 민간 위문공연
을 비롯해 발표회, 일반 공연 들의 다양한 활동을 전개했다.
외지 출신 무용인들이 환도 이후 부산에 정착한 사례도 많았

다. 김미화, 이매방, 정무연, 이춘우, 황무봉, 오화진 들이 대표적이다. 장홍심은 최승희무용연구소에서 고전무용 교사로 활동했으며, 최승희 문하의 임정옥, 한순옥, 임수영, 정지수 문하 김향촌이 활동했다. 그밖에 전두한, 김문숙, 이옥화, 옥후현, 김은수, 신영자 들의 이름을 확인할 수 있다. 이들은 재부무용인들과 연대하여 부산무용사회를 구성해 나갔다.

한국전쟁기 마산에서는 김해랑, 이필이, 박임순, 정순모, 최윤찬, 진주에는 김화산, 황무봉, 밀양에는 김백초가 활동했다. 1950년 김해랑은 부산극장에서 김해랑발표회를 열었다. 김동민은 1951년부터 1953년에 걸쳐 매년 발표회를 개최했다. 1951년 1월 제1회 김동민발표회에서 무용극 <견우직녀>(부산극장), 1952년 12월 제2회 무용극 <황창랑>(부산극장), 1953년 제3회 무용극 <단심의 곡>(중앙극장, 삼일극장, 영남극장)을 선보였다. 1952년 박성옥발표회에서는 극무용 <토끼전>(영남극장)을 선보였으며, 1953년 3월 임수영발표회에서는 <화랑도>(중앙극장)를 올렸다. 이 무렵 강이문은 1952년 『국제신보』에 무용평론 「민족무용의 진로」를 시작으로 무용 관련 공연평, 시평, 단평 들을 발표했다. 이를 통해 무용에 대한 사회적 관심을 촉발하고 부산무용인들의 결집과 무용예술 창달에 이바지하고자 했다. 무용인들의 연구소 개설도 이루어졌다.

1952년 황무봉과 임수영이 부산에, 주평이 통영에 연구소를 열었다.

무용인들의 종군 활동도 활발하게 이루어졌다. 1953년 4~5월 부산극장에서 국방부 종군극작가단 제4회 신작 무대인 종합예술전(이보라 작·연출, 이인범 안무, 황문평 작곡·편곡, 김진환 미술)이 개최되었다. 이 자리에 이인범, 주리, 정막, 오창수, 장순방, 최선희 들이 출연했다.

부산 영화문화의 형성

한국전쟁기에는 다큐멘터리와 뉴스를 비롯한 문화영화 제작이 번성했다. 국방부 정훈국에서는 <국방뉴스>와 <백만인의 별>을 제작하여 후방 국민들에게 전황을 전달했다. 공보처에서도 경남도청 지하실에 현상소를 설치하여 <대한뉴스>를 제작했다. 이러한 기록영화들은 정부기관과 군기관이 촬영반을 꾸려 영화인들에게 활동 기반을 제공했다는 점에서 각별한 의미를 지닌다.

1951년 부산에서는 낙동강변을 배경으로 후방사회의 결집을 강조한 문화영화 <낙동강>을 제작하였다. 향토문화연구회 주도로 경상남도 공보과에서 제작비 1천만 원을 지원받아 제작한 16mm 흑백 다큐멘터리 영화다. 1951년 말 제작

영화 〈낙동강〉 제작진(1951) ⓒ한종수

을 완료하여 이듬해 2월 23일 부민관에서 개봉했다. 촬영 기간 40일, 제작 기간은 3개월에 불과했다. 윤이상의 영화음악과 조용자의 무용을 통해 감정 표현을 강조했다는 점, 배우를 주인공으로 내세우고 서사구조를 갖추고 있었다는 점에서 일반적인 문화영화와 차별성을 지니고 있었다. 예산과 기자재가 부족한 환경에서 전문영화인이 아닌 지역 예술인들이 폭넓게 결합하여 낙동강의 심상지리를 잘 반영했다는 점에서 지역문화사적으로도 의미가 크다.

사진단체의 결성과 재편

다른 예술 장르와 마찬가지로 사진 또한 종군 활동에 적극적으로 동원되었다. 1950년 부산미국공보원에서 종군 시인·화가·촬영반 기록사진전 및 시화전, 경인전선 보도사진전, 1951년 경인전선 보도사진전, 해병대 도솔신작전 사진전 시회, 임응식 서울 탈환 보도사진전이 열렸다.

1952년 6월 대한사진예술연구회와 부산예술사진연구회의 합동사진전이 미화당화랑에서 열렸다. 같은 해 12월 피란 수도 부산에서 한국사진작가협회가 창립되었다. 초대회장 현일영, 부회장 임응식, 최계복, 총무 조명원, 간사 정인성이 선임되었다. 창립전시회에는 서울 출신 현일영, 임석제, 지부원, 최창희, 조명원, 허승균, 김기순, 김한용이 출품했다. 부산 작가로 임응식, 이병삼, 김용진, 조상필, 나칠암, 박구, 박상문, 박기동, 송훈, 송미구, 정인성, 이연광, 이희우, 그리고 삼천포의 허종배가 이름을 올렸다. 한국사진작가협회는 1953년 초 문총에 가입했다. 문총이 1947년에 출범한 사실을 감안하면 늦은 셈이다. 이에 따라 1953년부터 국전에 사진부가 신설되었다. 한국사진작가협회가 한국미술협회와 함께 문교부와 대한민국예술원에 꾸준히 건의한 결과였다.

사진을 수집한다는 것은 세계를 수집하는 것이다. 사진은 다른 어떤 유형의 자료보다 현장을 있는 그대로 포착하고 재현해낸다. 특히 다큐멘터리 사진은 순수하고 분명한 과거의 전달자로서의 역할을 수행한다. 역사의 기록, 사회 단면의 기록일 뿐만 아니라 사건의 분명한 증거로서의 가치를 지닌다. 그래서 공식적인 문서나 법적 권위를 지닌 증거로서의 위치를 확보한다. 나아가 여론을 조성하거나 사회개혁을 추동하는 엔진으로 작동할 수 있을 정도로 거대한 파급력을 지닌다.

환도 이후

한국전쟁기는 서울과 지역 사이에 존재했던 문화자본과 예술의 격차가 일거에 무너진 시기다. 부산은 한국 문화예술의 중심 지역으로서, 전시담론과 국민형성담론을 가파르게 생산하면서 문화예술의 부흥기를 누렸다. 그러나 정전협정의 체결과 환도는 전중기의 매체 환경을 재편하고, 반공전선의 기지이자 결전 문화예술의 거점이었던 피란수도 부산의 위상과 성격을 급격하게 변화시켰다. 부산은 환도로 '임시수도'라는 정치적 지위를 잃고 피란예술사회에서 수식어 '피란'을 떼어냄으로써 침묵과 공백에 빠져들기도 했다. 그만큼 피란예술사회가 남긴 영광과 상처를 갈무리하고 지역예술의 존재가치를 새롭게 정위시켜야 하는 역설적 상황에 직면하게 되었다. 그런데도 피란수도 부산의 문화예술이 한국전쟁을 거치면서 새로운 성장 동력을 확보할 수 있었던 사실은 결코 부인할 수 없다.

오! 부산

유산으로 본 부산의 미래

문화의 기수역(汽水域), 부산의 힘

장현정

㈜호밀밭 대표

작가, 사회학자. 부산대학교 사회학 박사 과정을 수료하고 『록킹 소사
이어티』, 『바다의 문장들 1, 2』를 비롯해 여러 권의 책을 썼으며 『주4일
노동이 답이다』(공역)와 『파시스트 거짓말의 역사』를 우리말로 옮겼다.
부산출판문화산업협회 초대 회장으로 활동했고, 현재 ㈜호밀밭 대표
이사로 일하고 있다.

문화의 기수역(汽水域),
부산의 힘

장현정

㈜호밀밭 대표

1

 부산은 한국을 대표하는 항구도시로 어떤 도시보다도 개방적이고 역동적인 문화를 자랑한다. 날 것의 생기와 유연성, 건강한 혼종성과 잡종성의 힘찬 DNA가 부산이라는 도시의 역사와 문화 곳곳에서 꿈틀댄다. 사실, 유유상종(類類相從)은 문화적 관점에서는 독이다. 우리가 아는 세계 최고의 도시들이 모두 서로 다른 문화가 만나고 섞이면서 성장했다. 일제강점기에 한 기자는, '영국 사람이 맨체스터를, 미국 사람이 뉴욕을, 일본 사람이 오사카를 사랑하듯 조선인은 부산을 사랑한다'는 취지의 글을 남겼는데[1] 오늘날 부산은 한국인들뿐아니라 세계인으로부터 사랑받고 있다.

---

1   동아일보, "부산에서", 1920년 5월 3일.

이런 부산의 매력은 어디서 비롯되는 것일까. 부산이 그 이름처럼 모든 이질적인 것들을 하나로 뒤섞어 걸쭉하게 끓여낸 거대한 가마솥[釜]이기 때문은 아닐까. 부산이 '문화의 기수역(brackish water zone, 汽水域)'이기 때문은 아닐까.

기수역이란 민물과 바닷물이 만나 섞이는 곳을 말하는데 염분의 농도가 다양한 만큼 생태 환경도 풍요롭고 그래서 과학자들에게는 아주 중요한 연구 대상이다. 자연에서 기수역의 종 다양성이 중요한 것처럼 도시에서 문화적 다양성은 필수다. 다양성이야말로 도시의 힘이고 맷집이기 때문이다. 인류의 위인들이 꿈꾸었을 이상적인 세상의 모습도 이질적인 것들이 스스럼없이 만나 서로 소통하며 마침내 건강한 혼종성의 지혜로 함께 공존하는 기수역 같은 세계였을 테다. 부산의 힘도 바로 이렇게 이질적인 것들이 자연스레 섞여 공존하는 그 다양성에서부터 시작된다. 서로 다른 것들이 충돌하며 생기는 역설과 모순의 에너지, 그 야성에서부터 비롯된다. 부산(釜山)이라는 이름만 봐도 그렇다. 바다의 도시인데 이름에는 능청스럽게 산이 들어가 있지 않은가!

2

역사적으로도 부산은 국내 문화지형에서 오랫동안 독특하고도 중요한 위치를 차지해왔다. 부산은 상대적으로 작은 도시나 농촌과 비교하면 대도시이지만 모든 것이 수도권에 기형적으로 집중돼있는 한국적 상황에서는 주류 질서에서 한발 비켜선 자유롭고도 비주류적인 감수성으로 늘 새로운 문화를 선도해왔다.

모든 것을 '받아' 들이는 바다를 닮은 부산 특유의 개방성과 포용성은 일찍이 조선 초기 부산포 왜관까지 거슬러 올라간다. 구한말에는 한국 최초의 개항도시로 신문물이 가장 빨리 들어왔으며, 해방 이후 동포들이 귀국할 때 부두로 나가 태극기를 흔들며 환영해 준 곳도 부산이었고, 한국 전쟁과 산업화 시기에 전국 어디서든 힘든 사람들이 찾아오면 가리지 않고 품어준 곳도 부산이었다. 서로 다른 문화와 관습이 평화롭게 공존해온 저력은 부산의 영도만 가봐도 금방 알 수 있다. 지금도 그 작은 동네 안에 이북 마을이 있고 제주 골목도 있다. 전쟁 통에만 피난 온 게 아니라 이후로도 언제든 먹고살기 힘들 때, 외로울 때, 죽고 싶을 때, 인생이라는 전쟁에서 상처 입었을 때 사람들은 부산으로 꾸역꾸역 모여들었다. 피난(避難), 말 그대로 난리가 터졌을 때 한국인들은 어디로

피했을까. 부산이다. 영화 <부산행>에서 좀비들을 피해 향하는 곳조차 부산이다. 부산은 그런 도시였다. 죽을 것처럼 힘이 들 때, 재난과 파국과 참사와 비극 속에서도, 부산에 가면 왠지 정신을 차릴 수 있을 것만 같고 다시 살아갈 힘을 얻을 수 있을 것 같고 저 짠 내 나는 바다가 꼬옥 안아줄 것이란 믿음을 준 도시였다.

1970년대와 80년대를 거치면서 부산은 해외여행 자율화 이전 일본을 비롯한 해외 문화 유입의 관문이기도 했고 패션, 음악, 밀수, 코끼리 밥솥, 가라오케와 노래방[2] 등 여러 면에서 우리의 일상 문화에 큰 영향을 준 도시였다.

1990년대 들어 해외여행 자율화와 컬러 TV 등장 등으로 대중문화의 영향력이 커지고 본격적인 소비사회로 접어들게 되면서 부산의 일탈적이고 저항적인 감수성과 나름의 독특한 문화는 더욱 진해졌다. 이 시기를 배경으로 한 영화 <범죄와의 전쟁>에서 배우 최민식의 명대사 '느그 서장 남천동 살재?!'는 괜히 나온 말이 아니다. 당시 테라스 카페, 록카페, 패션과 헤어스타일 등 부산의 문화가 북상해 압구정동으로 갔

---

2 1978년 도쿄 번화가 긴자에서 처음 선보인 가라오케는 '가짜(가라, 空) 오케스트라' 라는 의미의 합성어로 이듬해인 1979년 부산에 상륙하며 큰 인기를 끌었다. 이후 1991년 동아대 앞 로얄 오락실 한쪽에서 최초로 시작한 노래방은 이제 한국인의 여가문화에서 중요한 한 축을 담당하고 있다.

고 X-세대와 오렌지족 같은 신조어가 출현했다. 특히 부산에서는 방송국을 비롯한 주요 매스미디어들이 모여있던 서울의 주류 문화에 대한 반발과 상대적으로 빠르게 받아들인 해외문화의 영향 등으로 하위문화 쪽에서 강세를 보였는데 인디음악, 독립영화, 그라피티, 스트리트 댄스, 프리마켓 등이 그 예다.

3

부산이 왜 문화의 기수역인지 본격적으로 살펴보자. 우선 부산은 전통과 현대가 만나는 문화의 기수역이다. 국보급 무형문화재 다섯이 모두 실제로 기수역 부근, 다시 말해 수영강과 온천천 유역에 몰려있다는 사실은 재밌다. 동래야류, 수영야류, 대금산조, 좌수영어방놀이, 동해안별신굿이 바로 그 주인공들이다. 그뿐만 아니라 유배문학의 원류로 꼽히는 고려가요 정과정곡(鄭瓜亭曲)도 수영 강변에서 나왔다. 부산은 전통과 현대가 만나는 변방이자 전위의 도시다. 한국에서는 주목받지 못했던 동해안별신굿도 해외에서 먼저 그 가치를 인정받으며 비로소 우리에게 제대로 알려지기 시작했는데 호주의 유명 재즈 뮤지션 사이먼 바커는 동해안별신굿을 대표하는 두 예술인으로 부부이자 동료인 악사 김석출(金石

出)과 무녀 김유선(金有善)을 영화 <땡큐 마스터 김>을 통해 소개했다.

지금의 부산 문화를 말할 때 단연 핵심은 영화일 것이다. 부산은 명실공히 아시아 영화의 중심도시이며 부산국제영화제는 이제 아시아 최고의 영화 축제를 넘어 세계적인 영화제로 성장해 부산을 대표하는 축제가 되었다. 수많은 영화에서 부산의 명소들을 만날 수 있으며 한국 영화 중 일부라도 부산에서 촬영하지 않은 영화는 찾아보기 힘들 정도다. 이런 전통이 갑자기 생긴 것은 아니다. 부산은 1958년에 한국 최초로 영화평론가 협회가 설립되었고 1970년에는 한국 최초의 영화 평론서인 『영화와 비평』이 발간되기도 했으며 1996년 한국 최초의 국제영화제로 부산국제영화제가 시작됐고 2014년 12월에는 아시아 최초 유네스코 영화 창의도시로 선정되는 등 영화의 도시라고 불릴 만한 충분한 역사와 전통을 자랑한다. 그래서 한국을 대표하는 영화 관련 공공기관인 영화진흥위원회를 비롯해 영상물등급위원회 등의 기관도 지금은 부산에 자리하고 있다.

부산은 영화의 도시임과 동시에 매일매일 곳곳의 소극장에서 작품이 상연되는 연극의 도시이기도 하다. 부산의 연극은 투박하면서도 진중하다. 세련되고 가벼운 맛이 있는 서울의 연극에 비하면 거칠고 촌스럽지만, 역동적인 힘을 간직하고 있다는 평가다. 지금은 한국을 넘어 세계적인 배우가 된 송강호, 김윤석, 오달수, 조진웅 등의 유명 배우들이 모두 부산의 극단 출신이다.

4

부산은 책과 문학, 인문학의 도시이기도 하다. 해양문학 분야를 살펴보면, 한국에서 본격적인 해양문학이 등장한 1970년대의 대표적인 작가로 김성식(1942~2002)과 천금성(1941~2016)을 꼽을 수 있는데 모두 부산 출신이며 김성식은 선장으로서의 해양 체험을, 천금성 또한 원양 조업의 체험을 해양문학으로 풀어냈다. 부산은 1970년대에 전국 최초의 출판 협동조합인 '양서협동조합'이 출현한 곳이기도 하다. 또한 한국 추리소설의 상징과도 같은 김성종 작가가 1992년 해운대 달맞이 언덕에 한국 북카페의 효시랄 수 있는 '추리문학관(推理文學館)'을 세우기도 했다. 여기에 전국적 인지도를 얻고 있는 남천동의 청소년을 위한 인문학 서점 '인디고 서원', 김수우 시인이 2008년에 문을 연 뒤 같은 자리에서 지금도 부산 인문학의 맥을 잇고 있는 중앙동 '백년어서원' 등 수많은 공간에서 매일매일 책과 함께하는 다양한 프로그램들이 열리고 있다.

미술은 어떤가. 부산은 바다와 미술이 연결되는 독특한 도시이기도 해서 2년에 한 번씩 부산비엔날레와 바다미술제가 번갈아 가며 열린다. 부산비엔날레가 부산현대미술관을 비롯해 중앙동과 초량 등 원도심 일대의 다양한 장소들을 활용함으로써 미술관 안에만 갇혀있던 현대미술의 경계 확장을 시도한다면, 바다미술제는 이름에서부터 바다를 표방하며 송도, 다대포, 기장 일광 등 부산 시내 여러 해수욕장 일원에서 열린다. 광안리 해변에도 세계적인 아티스트 백남준의 '디지테이션'을 비롯해 세계적 작가들의 작품이 영구 전시되어 해변 자체를 '바다 빛 미술관'으로 명명했고 해운대 달맞이길 일원은 부산의 대표적인 갤러리들이 밀집해있는 부산 상업화랑들의 중심 공간이다. 광안리 주택가의 목욕탕을 개조해 10년 동안 운영했던 부산 최초의 대안미술공간 '반디'와 부산의 1세대 대안미술공간으로 평가받는 '오픈스페이스 배'도 빼놓을 수 없다.

또 부산은 뛰어난 사진가들이 활동한 도시이기도 하다. 임응식과 정인성, 김광석 같은 작가들은 1930년대에 이미 작품활동을 시작한 국내 사진 예술계의 1세대 개척자들이었다. 1917년 지금의 창선동 1가 '백조그릴' 자리에 최초의 사진관

'토비(土肥)'가 있었고 남포동에도 팔교, 오산, 산기 등 일본인이 주인인 사진관들이 있었다고 전해진다. 하지만 당시 사진들은 회화를 모방하는 이른바 '예술사진'으로 일본식 사진 화풍을 답습하는 것에 그쳤는데 그러다가 해방 이후 비로소 부산 사진만의 정체성이 확립되기 시작했다. 6·25전쟁의 참상과 폐허가 된 도시에서 살아가는 사람들의 일상을 사실적이고도 생생하게 묘사하기 시작한 이 작품들은 각종 공모전을 휩쓸며 주목받기 시작했다. 한국사진작가협회도 전쟁 중이던 1952년에 임시수도였던 부산에서 발족했고 그 첫 번째 창립전도 남포동 국제구락부 화랑에서 열었으니 부산 사진의 역사는 그대로 한국 사진의 역사이기도 한 셈이다. 특히, '서민을 사랑한 다큐 사진의 거장'이라 불리며 지난 2013년 작고한 최민식은 부산을 상징하는 사진작가이자 리얼리즘 전통을 가장 잘 보여준 작가로 평가받는다. 세계 사진계로부터 '카메라의 렘브란트'라 불렸던 최민식뿐 아니라 이준무, 배동준, 김석만, 정영모, 정정회 등 부산의 사진을 말하기 위해서는 아직도 발굴하고 찾아내야 할 작가들이 많다.

무엇보다 부산은 한국 대중음악의 역사에서 아주 중요한 지역[3]이다. 해방 이전부터 한국 대중음악사의 중요한 역사적 공간이자 로컬 씬이었는데 해방 이후에는 더욱 본격적으로 한국 대중문화의 창구로 자리매김했다. 해방 이후 한국 최초의 가수로 언급되는 현인(1919~2002)이 우선 영도구 영선동 출신이다. 현인이 1953년에 노래한 <굳세어라 금순아>는 전쟁으로 상처 입은 수많은 피난민의 마음을 어루만져주며 엄청난 인기를 얻었는데 그 노래에 나오는 영도다리는 70년이 지난 지금까지도 우리 민족에게는 영원한 만남의 장소로 각인되어 있다. 현인과 쌍벽을 이루던 진주 출신의 가수 남인수(1918~1962)도 이듬해인 1954년 부산을 배경으로 한 <이별의 부산정거장>을 불러 선풍적인 인기를 끌었다. "부산은 한국 대중문화의 창구"였고, "1950년대 부산은 대구와 함께 음반 산업 중심지로서 SP 음반을 찍어 전국으로 공급"했으며, "LP 음반이나 오디오도 부산항을 통해 먼저 들어왔다.", "트랜지스터 라디오가 일본으로부터 유입된 곳도 부산이고, 1958년 국내 최초로 라디오를 만들었던 금성 라디오 공장도

---

3   대안사회를 위한 일상생활연구소, 〈부산의 노래, 노래 속의 부산〉(2014 부산학 교양총서, 부산연구원 부산학연구센터)

부산에 있었다"고 부산 KBS에서 30여 년간 음악 전문 라디오 방송 PD로 활동해 '대중음악의 전도사'라 불린 도병찬 씨는 증언한다.[4]

이후로도 범일동 출신인 한국의 루이 암스트롱 김상국 (1934~2006), 초량 출신인 트로트의 황제 나훈아(1947), 아미동 출신으로 한국 최초로 국제가요제에서 수상한 정훈희(1951), 한국 트로트를 말할 때 빼놓을 수 없는 각각 대저와 해운대 출신인 현철(1942)과 설운도(1958)가 있다. 또 언더그라운드의 전설이자 한국 최초의 히피로 불리는 한대수(1948)도 부산 출신이며 지금까지도 현역으로서 최고의 음악을 선보이고 있는 한국 대중음악의 전설 최백호(1950)도 영도 대평동에서 태어나 기장에서 자랐고 지금 활약 중인 아이돌과 한창 활동 중인 아티스트 중에도 열거할 수 없이 많은 이들이 부산 출신이다.[5]

1972년 발표되어 1976년부터 국민 애창곡이 된 조용필의 '돌아와요 부산항에' 이후 1970년대 말부터는 여러 가요제를

---

4 부산일보, 2014년 5월 9일.(위의 책 재인용)

5 나훈아, 현철, 설운도, 최백호, 한대수, 이상우 등뿐만 아니라 최근 젊은이들 사이에서 인기를 끌고 있는 f(x)(에프엑스) 설리, 시크릿 한선화, 2NE1(투애니원) 산다라박, 애프터스쿨 리지, 2PM의 장우영, 씨엔블루의 정용화, 2AM 이창민, 슈프림팀 사이먼디(쌈디), 제국의아이들 김동준, 그리고 공전의 히트를 기록한 '슈퍼스타K'의 강승윤과 '남자의 자격'을 통해 많은 사랑을 받은 음악감독 박칼린까지 주류 대중문화계에서도 부산 출신이 의외로 많다.(부산일보, "별을 쏘다 내일은 우리도 슈퍼스타", 2010년 10월 21일)

통해 부산의 대학생들이 전국적인 주목을 받기도 했다. 1978년 제2회 대학가요제 대상을 받은 부산대 그룹사운드 '썰물'이 대표적이다. 이후 1980~90년대에는 민중가요의 선도적 도시였으며 1990년대 들어서는 헤비메탈이나 인디음악과 같은 비주류 음악의 메카로도 그 명성을 이어갔다. "부산은 저력 있는 음악도시다. 1970·80년대 각종 가요제 등을 통해 능력 있는 아티스트를 숱하게 배출했고 1990년대 초에는 서울의 홍대 클럽 문화와 어깨를 견준 인디음악의 진지였다. 이후 경제적 어려움과 한국 대중음악의 획일성이라는 펀치를 맞고 주춤거리고 있지만 부산의 음악적 가능성은 항상 열려 있었다. 그리고 지금도 다양한 음악적 시도들이 각개전투를 벌이고 있다."[6]

6

1990년대 이후 부산 문화의 저력은 서브컬처(sub-culture)에서도 찾을 수 있다. 서브컬처란 기존의 문화적, 장르적 범주로 구분하기 어려운 새롭고 대안적인 문화를 말한다. 인디밴드, 헤비메탈, 독립영화, 용두산 비보이, 부산대 앞 청년문

6 부산일보, "[판&꾼]다양한 음악적 시도 부산서 뜬다", 2004년 2월 20일.

화, 보일라와 안녕광안리 등 독립잡지와 대안공간 반디 같은 미술 활동 등은 부산 문화의 다양성과 실험적 특징을 보여주었다. 그라피티의 경우에도 한국을 대표하는 작가 중 상당수가 부산 출신이며, 이들의 작품을 만날 수 있는 부산대 앞 지하철 교각이 줄 서 있는 일명 '똥다리'는 1990년대 말부터 국제적인 그라피티의 메카로 명성을 떨쳤다. 부산은 늘 중앙의 타성에 도전하는 일탈적이고도 반항적인 감수성을 보여주며 새롭고 신선한 탈주를 실천했고 '한국 서브컬처의 메카'라 해도 좋을 만큼 자유롭고 비주류적인 문화의 전통을 이어왔다. 이러한 부산의 문화적 감수성은 지역뿐 아니라 한국이라는 나라 전체의 문화에서도 중요한 의미가 있다.

한국에서 청년문화가 본격적으로 등장한 1960년대 이후 1970~80년대를 거치면서 부산은 대학가를 중심으로 민주화운동과 민중문화의 열기 속에서 왕성하게 청년들의 문화를 생산했다. 1980년대 중후반에는 한국 헤비메탈의 메카로 불리기도 했을 만큼 록 음악에서 강세를 나타내기도 했고, 1990년대로 접어들면서는 수많은 인디밴드와 독립영화인을 배출하는 한편 그라피티, 스트리트 댄스, 프리마켓 등 다양한 형태의 독립문화와 비주류 문화가 활발하게 혼재했다. 전통적으로 장르 예술보다 하위문화 쪽에서 강세를 보여 온 부산은 작가뿐 아니라 수많은 기획자와 대안공간 등을 통해 계속해서 새로운 시도를 선보이며 한국 문화계를 환기해왔다. 앞서 언급한 것처럼 부산은 방송이나 거대 자본에 의해 서울 중심으로 형성되어온 주류 문화에 대한 반감으로 오랜 기간 국내 비주류, 대항문화의 선도적 역할을 해온 것이다.

1980년대 전국의 메탈 키드들을 열광케 한 스트레인저나 디오니소스, 아마게돈 등의 메탈 그룹 이후 1990년대 한국 인디 1세대의 중요한 밴드들로 기록된 앤, 레이니선, 에브리싱글데이 등이 함께했던 '갈매기공화국'의 밴드들, 2000년대 들어서도 다양한 방식으로 활로를 찾으며 국내 대중음악계에서 독특한 감성을 느끼게 하는 김일두, 스카웨이커스, 김태춘, 언체인드 등 부산은 꾸준히 주류적 흐름에 대항하는 주목할 만한 음악들을 선보여왔고 조연희, 윤진경 등 부산의 여성 뮤지션들이 매년 함께하고 있는 연합공연 '반했나'가 2023년에 10주년 공연을 성황리에 진행했을 만큼 지금도 독자적인 흐름이 진행 중인 도시다. 그러니 부산 문화의 중요한 특징 중 하나로 불온하고 삐딱한, 이른바 '반문화적(counter-cultural)' 속성을 드는 것도 무리는 아닐 것이다.

해운대나 광안리를 비롯한 부산 지역 곳곳에서는 지금도 쉽게 버스킹 밴드와 스트리트 뮤지션의 음악을 만날 수 있다. 이들의 공연을 라이브로 즐길 수 있는 클럽도 꾸준히 명맥을 유지하고 있는데 부산대학교 앞에는 '무 몽크(Moo-Monk)'나 '인터플레이(Interplay)' 같은 클럽이 있고, 경성대 앞 '바이닐 언더그라운드(Vinyl underground)'와 최근 들어 가장 뜨거운 클럽으로 통하는 '오방가르드' 등도 안정된 라이브 공연을 즐길 수 있는 좋은 클럽이다.

7

요즘 부산 문화에서 가장 뜨거운 분야는 만화이다. 웹툰이란 말이 어느덧 더 익숙해진 시대에 만화는 시장의 성장만큼이나 빠른 속도로 우리 일상에 깊이 스며들고 있다. 1990년대 일본 대중문화 개방 이전까지 만화의 종주국이랄 수 있는 일본 만화를 해적판으로 가장 빨리 받아들였던 곳도 부산이었다. 지금 부산의 웹툰 작가들이 세계적으로 활약하는 것과 무관치 않은 배경이다. 부산의 만화를 말할 때, 지난 2005년 작고한 고우영 선생을 빼놓을 수 없다. 부산 남구 감만동에서 학창 시절을 보내며 중학교 2학년 때 만화가로 데뷔한 고우영은 천재로 불렸다. 한국 시사만화의 대부로 불리는 박재동 화백도 울산에서 태어나 10살 전후 부산으로 이사 와서 학창 시절을 보냈다. 특히 그의 집은 부산에서 만홧가게를

하며 살림을 꾸렸는데 만홧가게 아들로서 얼마나 수많은 만화를 일상적으로 접하며 성장했을지 미루어 짐작할 수 있다. 지금 부산에서는 이들의 후배 작가들이 웹툰을 무기로 한국을 넘어 전 세계로 도약하고 있다. 만화가 남정훈, 김태헌, 배민기, 최인수 등 쟁쟁한 만화가들의 활동으로 부산 만화계의 전성기를 구가하고 있다.

해양도시로서 부산이 가진 다양성과 잡종성의 문화적 힘은 실제 '다문화성'에서도 엿볼 수 있다. 부산은 바다를 통한 외부와의 교류가 빈번했고 그 와중에 다양한 에스닉 스폿(Ethnic Spot)이 형성되었다. 대표적으로 초량의 차이나타운과 사상의 다문화거리, 금정구의 이슬람 사원 등을 들 수 있다. 부산은 다문화가족 지원법이 제정된 2008년, 전국에서 최초로 다문화가족 지원을 위한 공식적인 전담 조직을 꾸렸을 만큼 다문화의 흐름에 선도적으로 대응해 온 도시이기도 하다.

8

프루스트에게 마들렌 케이크 한 조각이 있었다면 나에게는 비릿한 바다 냄새가 있다. 그 냄새를 맡으면 시도 때도 없이 문득 어린 시절의 광안리가 떠올라 추억에 잠기곤 한다. 그리고 그 추억 속 부산의 풍경 속에는 남들 하는 대로 따라

하기보다는 약간은 삐딱하고 반항적이며 그래서 오히려 새롭고 대담한 기운을 느끼게 하는 '부산다운' 것들이 많다. 어린 시절부터 나에게 부산은 한바탕 뒤섞임의 공간이었고 세상의 모든 것이 다 존재하는 만화경이자 모자이크 같은 도시였다. 10대 시절이었던 1980년대만 떠올려봐도 아직은 해외여행 자율화 전이어서 아무나 외국에 드나들 수 없었던 시기에 부산에서는 배 타는 사람들이 많아 상대적으로 쉽게 일본 문화를 비롯한 외국 문물을 접할 수 있었다. 바닷가 웬만한 집에서는 특별한 장치 없이도 일본 방송 전파가 잡혔기에 서울 중심의 대중문화와 다른 감수성을 느끼며 자랐다. 당시 방송국 개편 시기가 되면 지상파 PD들이 부산 호텔에 장기 투숙하며 일본 방송들을 '우라까이'[7]했다는 이야기는 유명하다. 부산 문화는 특별히 공을 들여 세련되거나 권위나 전통을 갖춘 문화라기보다는 솔직하고 가식 없이 직관적이며 일상적이고 서민적이며 시원시원한 특징을 갖는다. 됐나? 물으면, 됐다! 답하는 문화랄까. 필요하면 갖다 쓰는 잡탕 문화이고, 모자이크 문화이며, 여러 문화를 여기저기 풀로 붙인 것 같은 콜라주(collage) 문화이기도 하다. 나는 특별히 네 것, 내

---

7   신문·방송 현장 일본말 속어. 다른 신문사의 기사(특종 포함) 일부를 대충 바꾸거나 조합해 새로운 자기 기사처럼 내는 행위. 방송에서는 적당히 외형만 바꿔서 자기 것처럼 만들어 방송하는 것을 말한다.(영상 콘텐츠 제작 사전 terms.naver.com)

것을 따지지 않는 이런 부산 문화의 바다처럼 드넓은 품을 사랑한다. 예를 들어 부산을 대표하는 노래로 <부산갈매기>를 꼽으면서도, 그 작사가와 작곡가가 부산 출신이 아니라는 점은 별로 중요하게 여기지 않는다. "누가 만들었든지 간에 부산 사람들이 목이 터져라 부르면 그기 부산 노래 아이가"[8]라는 것이다.

부산은 한반도 동남쪽 끝이라는 그 지정학적 위치만으로도 역사 속에서 늘 중앙 권력에 반항적인 곳이었다. 한양에서 무슨 일이 일어나든, 왕이 바뀌든 말든 사실 부산에서는 별 관심도 없었을 것이다. 그 물리적 거리만큼이나 세계관이나 감수성도 달랐기에 오히려 부산만의 문화도 가능하지 않았을까. 부산은 새 시대의 최전선, 아방가르드의 도시다. 부산 문화의 독특한 위상은 그래서 바로 그 고유성에 있다. 다시 말해 자신감 없이 남들 바라볼 때, 특히 서울 따라 할 때 부산은 가장 멋없어진다. 귤이 회수를 건너서 탱자가 되는 꼴을 너무 많이 보아왔다. 나는 바닷가 사람과 육지 사람의 세계관은 다를 수밖에 없다고 생각한다. 이무열은 <지역의 발명>에서 이렇게 말한다. "지역은, 성장을 놓지 못한 채 끊

---

8   대안사회를 위한 일상생활연구소, 〈부산의 노래, 노래 속의 부산〉(2014 부산학 교양총서, 부산연구원 부산학연구센터)

임없이 경쟁을 부추기고 규모를 키우고 모든 것을 단일한 기준에 맞춘 고장 난 문명을 바꿀 개성적인 N개의 대안을 발명하는 열린 실험실이다."[9]

육지에서는 땅의 소유가 너무 중요했기에 명료하게 선을 긋고 여기서부터는 내 땅, 저기까지는 네 땅 하는 방식의 '선 긋기(kritik)'가 중요했다면 바다에서는 다르다. 바닷가 도시의 세계관은 차라리 직관적이고 비합리적인 예술의 영역과 더 어울린다. 육지에서는 길을 따라 움직이지만, 바다에서 배는 길을 내면서 움직이기 때문이다. 먼저 지나간 뒤에야 길이 생긴다는 건 근사한 일인데, 바로 거기에 부산의 힘이 있다.

---

9 이무열, 〈지역의 발명 - 역동적인 생명 활동의 터전으로 마을을 새롭게 창조하는 법〉 (2022, 착한책가게)

오! 부산

유산으로 본 부산의 미래

부산 사람의 기질

차철욱

부산대학교 한국민족문화연구소 교수

부산대학교 사학과를 졸업하고, 부산대학교 한국민족문화연구소에 재
직 중이다. 부산 근현대사를 살아온 사람들의 삶에서 가치를 발견하고,
이를 시민들과 공유하기 위해 노력 중이다.

부산 사람의 기질

차철욱

부산대학교 한국민족문화연구소 교수

들어가면서

지역학 연구의 대체적인 목표는 '지역 정체성' 찾기이다. 지역 정체성이란 다른 지역과 비교되는, 그리고 지역을 구성하는 다양한 요소들의 공통점을 말한다. 따라서 지역 연구는 이런 특이점을 발견하는 데 집중하는 경향이 있다. 한때 영화 <친구>가 인기를 끌고 있을 때 여기서 부산 정체성을 찾아보려는 사람들도 있었다. 대부분 촬영이 부산의 공간에서 진행되었고, 주인공들의 말씨 또한 부산 사투리였다. 조폭들의 거친 몸싸움에 어울리는 부산 사투리가 영화 관객들에게 부산을 이해하는 중요한 요소가 되었다. 이때 나온 부산 정체성이 조폭 세계에서 통용되는 '의리'였다. 그러자 찬반 논란이 제기되었고, 동시에 부산을 설명하는 다양한 키워드들이 거론되기도 했다. 그런데 이런 정체성 찾기를 계속하다

보면 공통점에 포함되지 않는 것은 부산을 설명하는 요소에서 배제된다는 사실을 알게 된다. 부산 정체성의 하나로 자주 거론하는 '해양성'을 예로 들어보면, 바다에서 멀리 떨어진 금정구나 북구 등에서 살아가는 사람들은 부산 사람이 아닌가? 부산 사람다운 모습을 확인할 수 없을까.

부산 사람의 기질을 설명하는 일은 쉽지 않다. 특히 오늘날과 같이 많은 사람들의 이동이 빠르게 진행되는 시점에서 공통점을 찾아내는 일이란 어렵다. 아니 어쩌면 부산 정체성을 찾는 일이 무모할지 모르겠다. 이 글에서는 부산 사람들이 만들어 온 역사를 통해 오늘날 부산 사람들의 모습을 이해하는 데 도움이 될 만한 몇 가지 요소를 가지고 논의해 보려고 한다.

공간은 인간을 만들고, 인간은 공간을 만든다. 부산이 위치한 지리적 공간적 특징과 부산 사람들이 경험한 역사적 사건을 씨줄과 날줄로 놓고 '부산 사람의 기질'에 대해 생각해 보려고 한다.

변방에서 시작된 동력

150년 전 부산은 조선의 수도 한양에서 멀리 떨어진 변방이었다. 변두리에는 항상 혐오시설이 위치하는 법이다. 임진왜란을 경험한 조정 대신들은 잠재적인 위험 요소를 멀리하기 위해 동래에 왜관을 설치하고 일본인들의 한양 출입을 금지했다. 왜관이 위치한 갯가 동래는 숙종 대 이후로 문과 합격자 한 명 배출하지 못한 '쌍놈'의 고을이었다. 정부는 왜관을 동래에서도 멀리 떨어진 바닷가에 위치시키고 철저하게 통제했다. 왜관 담장을 높이고, 여섯 군데에 복병소를 두고 감시토록 했다. 왜관 출입구 밖에 세워진 약조제찰비에는 밀무역을 하거나, 허가받지 않고 왜관을 출입하거나, 노부세라는 왜채를 주고받는 자들은 사형에 처한다는 무시무시한 경고문이 붙었다. 이처럼 왜관은 기본적으로 통제를 원칙으로 하면서 필요시 외교와 무역이 진행되는 공간이었다.

하지만 중앙정부의 기대와는 달리 왜관과 주변 조선인 마을에서는 조선인 일본인의 소통이 이루어졌고, 두 문화가 섞였다. 왜관 밖에 살던 조선인들은 왜관을 상대로 생존 방법을 강구했고, 왜관 내 일본인들은 담장 밖 조선인들이 필요로 할 때가 많았다. 벼슬아치들은 왜관 내부의 일본인들과 접촉하면서 그들이 좋아하는 스키야키 요리를 대접받았고,

왜관 인근의 조선인 마을에는 일본인들이 사용하는 생활 도구나 문구류가 사용되기도 했다. 왜관 문밖에는 아침 장이 서서 조선인들이 왜관 내 일본인들이 필요로 하는 생필품이나 식료품을 가져와 팔았다. 자연히 조선인과 일본인들의 사적인 교류가 이루어지고, 조선인 여인과 일본인 남자 사이에서 혼혈아가 탄생하기도 했다. 어린 꼬마들은 왜관 안에서 떡을 팔며 돌아다녔다. 변방에서는 중앙의 지배 논리가 항상 일정하게 작용한 것 만은 아니었다. 변방에서는 '여기' 나름의 질서가 작동했고, 그 논리는 중앙의 통제력에서 벗어나려는 원심력이었다.

한편 근대 개항은 부산 사람들의 삶의 조건을 바꾸어 놓았다. 강력한 근대식 무력에 위협을 느낀 조선 정부는 또다시 한양에서 가장 먼 부산을 첫 번째 개항장으로 결정했다. 왜관 시대를 경험한 부산 사람들은 1876년 근대 개항을 자신의 방식대로 대응했다. 근대 개항은 종전의 통제무역을 자유무역으로 바꾸어 놓았다. 자유무역은 자본이 넉넉한 일본인 상인에게는 유리하고, 그렇지 못한 조선인 상인들에게는 불평등한 방식이었다. 하지만 전근대와는 달리 누구나 무역에 참여할 수 있는 기회가 주어졌다는 점은 중요했다. 개항장 부산에는 다양한 국적의 사람들이 들어왔다. 조선인들 또한 왜관을 대체한 일본인 거류지를 자유롭게 왕래하면서 근대 시스템을 경험했다. 부산 사람들은 전통사회와 다른 근대적인 경험을 시작했다. 종전과 다른 일자리를 찾았다. 근대식 회사를 만드는 사람, 외국 상인들과 거래하는 사람, 몸뚱이밖에 없는 사람은 외국 상선에서 실려 온 물건을 하역하는 노동자로 살아갔다. 부산 사람들은 전통적인 왕조 사회와 다른 문화를 경험하면서 부산에 모여든 다양한 사람들과 갈등하기도 하고 타협하기도 하면서 새로운 시대에 적응할 수 있는 힘을 키울 수 있었다. 이 시기 부산 사람들의 경험은 조선의 다른 지역과는 다른 분명한 차이점이었다.

[사진 1] 개항 후 용미산 아래 어시장을 출입하는 조선인, 부산박물관 소장

불안정한 사람들

근현대 부산을 구성하는 사람들의 대부분은 타 지역에서 들어왔다. 일제강점기에는 식민지 정책에 따른 몰락 농민, 해방 후에는 해외에서 돌아온 귀환 동포, 한국전쟁 때에는 피란민과 유랑민, 산업화 시기에는 도시 노동자들이 대표적이다. 물론 부산으로 몰려든 사람들 중에는 교육, 취업 등에 따른 자발적인 이동도 있었으나, 대부분 자신의 삶터에서 생존 기반을 상실하고, 강제로 추방당한 자들이었다. 이러지도 저러지도 못한 절박한 상황에 내몰린 불안정한 사람들이 생존을 위해 몸부림치면서 내뿜는 에너지가 부산을 만든 하나의 동력이었다. 이들은 고향에서 생활하던 이념에서 벗어나 부산 생활에 필요한 방식에 적응해야 했다.

일제강점기 부산 인구는 1910년대 중반을 넘어서면서 급속히 증가했다. 아무래도 이 시대 농촌 농민들은 토지조사사업, 산미증식계획 등으로 지주는 더 부자가 되고, 반대로 소작농은 농사지을 땅을 빼앗기고 농촌을 떠날 수밖에 없었다. 농촌을 떠난 농민들은 일본에서 진행되는 공업화에 필요한 값싼 노동력 조달을 위해 부산항을 거쳐 일본으로 건너가는 소위 '도항 노동자'가 되었다. 그리고 이 무렵 부산에는 북항 매축, 부산진 매축, 남항 매축 등 매축공사와 1930년대부터 활발해지는 공업화에 따른 새로운 기회를 찾아 부산으로 모여들었다.

그런데 부산에 모인 사람들은 한번 떠난 고향으로 다시 돌아가기 힘들었다. 농촌을 떠나면서 조금이라도 가지고 있던 돈 될만한 것은 모두 처분하고 부산에서 배수진을 쳤다. 부산에 모여든 도시빈민들이 돈을 벌 수 있는 일자리가 생각보다 많지 않았고, 일자리를 구해도 일본인 노동자에 비해 낮은 임금을 받아야 했다. 게다가 부산의 주택은 돈 많은 일본인들이 장악하고, 그들이 생활해야 하는 공간은 비탈진 산동네뿐이었다. 도시빈민들은 이곳에 움막을 짓고 버틸 수밖에 없었다. 소위 산동네에는 사회 시설이 갖추어지지 않아 위생시설도 나빴고, 교통도 불편했다.

일자리도 충분치 않고 주거공간도 불편했던 도시빈민들은 근대도시 부산에서 어쨌든 뿌리를 내려야만 했다. 자신들에게 주어진 환경을 스스로 개선해야 했다. 산동네의 주거환경을 바꾸기 위해 행정당국에 진정을 넣거나 그렇지 않으면 물리적 집단행동으로 자신의 권리를 찾고자 했다. 점차 부산의 주인공으로 자리를 잡았다.

1945년 해방으로 조선과 부산에서 살아오던 일본인들은 돌아가고, 일제강점기 해외로 나갔던 귀환 동포들이 입국했다. 귀환 동포 대부분은 일제의 강제에 의해 고국을 떠났던 자들이었다. 귀환 동포의 출발지는 일본이 50% 이상이었고, 그 외 중국, 하와이, 베트남, 필리핀, 싱가포르 등 다양하였다. 1947년 초까지 약 200만 명이 입국하였으나, 이 가운데 약 70%가 부산항을 통하여 귀국했다. 일본에서 참혹한 전쟁을 경험한 조선인들은 혹시라도 모를 일본인들의 박해를 피해 서둘러 조선에 가까운 야마구치나 규슈 지역에 모였다. 하지만 이들의 귀국길은 쉽지 않았다. 연합군 총사령부나 일본 정부가 이들의 귀국을 지원할 대책이 미흡했다. 연락선을 이용하기도 했지만, 많은 귀환 동포들은 돈을 모아 스스로 배를 빌리기도 하였다. 하지만 대한해협을 건넌다는 것은 모험이었다. 우키시마호 사건처럼 해상사고가 적지 않았다.

다행히 부산에 도착한 귀환 동포들에게 부산의 현실은 절망적이었다. 경제난과 콜레라가 이들의 삶을 위태롭게 만들었다. 귀환 동포에게 가장 급한 것이 일자리와 주거 공간이었지만 행정당국으로서도 대안이 없었다. 귀환 동포들은 스스로 생존 방법을 찾아야 했다. 우리가 잘 알고 있는 국제시장이 이들에 의해 만들어졌다.

한편 고향이나 연고지로 떠난 귀환 동포도 적지 않았다. 하지만 1946년 초 식량난 때문에 환대 받지 못했다. 귀환 동포들은 정착하지 못하고 어디론가 떠나야 했다. 이들 가운데는 다시 일본으로 밀항하거나 아니면 부산과 같은 대도시로 몰려들었다. 이렇게 뿌리내리지 못한 귀환 동포들 가운데는 이리저리 떠돌아다니다가 한국전쟁이라는 또 다른 충격에 떠밀려 피란민 혹은 유랑민이라는 이름으로 부산에 정착한 사례가 많았다. 일제강점기 일본인 공동묘지였던 아미동 비석마을에는 귀환 동포가 연고지로 갔다가 정착하지 못하고 한국전쟁 때 뿌리를 내린 사람들이 많다. 어디에도 정착이 어려웠던 귀환 동포에게 아미동 비석마을은 스스로의 노력으로 자신의 삶터를 만들 수 있는 좋은 기회였다. 아미동 비석마을에서 만나는 어르신들은 혐오시설에 살아가는 특이한 사람들이 아니라 자신의 삶터를 만들기 위해 노력한 강인한 에너지를 지닌 자들임을 알 수 있다.

1950년 한국전쟁으로 고향에서 강제로 추방당한 피란민들은 그나마 전쟁터가 아니고 구호 물자라도 확보할 수 있는 부산에 정착했다. 특히 1950년 중공군 개입 이후 갑작스럽게 내려온 북한 피란민은 이산과 피란의 고통을 경험했다.

피란민 수용시설 부족으로 인한 무허가 판잣집의 난립, 화재의 위협이나 위생 문제, 전염병 유행 등 재난과 이를 빌미로한 국가의 감시와 통제가 피란민의 부산 정착을 어렵게 했다. 게다가 생계에 필요한 일자리도 부족했다. 피란민들은 살곳을 마련하기 위해 빈터만 있으면 판잣집을 짓고, 미군부대유출 물자나 밀수품을 팔아 생계를 이어야 했다. 모두 불법인 줄 알았지만 이 방법 외에는 길이 없었다. 불안정하고 절박했던 피란민들의 선택은 이들을 억척스러운 사람으로 만들어 났다.

우리가 잘 아는 국제시장이 부산의 랜드마크로 이야기될

[사진 2] 1953년 국제시장 대화재 후 시장 상인들이 시장을 새로 준공한 후 세운 기념비 ⓒ차철욱

수 있는 데는 절박한 환경에 처해졌던 피란민들의 생존 방법과 잘 어울리기 때문이다. 국제시장은 소위 '도떼기시장'으로도 불린다. '돗데기'란 말은 중간 거래꾼이 가져온 물건을 경매 형식으로 전부 낙찰받는다는 의미이다. 돗데기하는 물건의 대부분은 미 군부대에서 유출된 불법 물자였다. 그리고 일본에서 건너온 밀수품들도 적지 않았다. 유통 물자가 불법인 만큼 행정당국의 단속 또한 심했다. 국제시장 상인들은 단속반을 피하거나 식별하는 능력을 키워야 했고, 적당히 타협하기도 했다. 피란민 상인 중 단속반에 걸려 처벌받지 않은 자들이 없을 정도였다. 맨손으로 피란을 와서 먹고 살기 위해 노력했던 피란민들의 몸부림을 짐작할 만하다.

전쟁이 끝나고 재건과 산업화 시기 부산 인구는 급증했고, 부산시는 1963년 직할시로 승격했다. 1972년 200만 명, 1973년 300만 명의 도시로 부피 성장했다. 이 시대는 부산이 자랑하는 섬유, 고무, 합판 등 뿐만 아니라 한국을 대표하는 공업이 급속히 성장했다. 특히 농촌에서 모여든 여성 노동자들은 경제활동의 기회 뿐만 아니라, 전통적인 질서에서 벗어날 수 있었다. 이 시대 도시 노동자는 시골의 부모를 위해 논밭을 사 주기도 하고, 동생들 학비를 보태기도 했지만, 자기 자신의 역량을 갖추는데도 투자했다.

산업화 시기 또 다른 특징 가운데 하나가 수산업 종사자들의 증가이다. 남해안 섬이나 바닷가에 살았던 사람들은 부산항으로 연결된 여객선을 타고 부산에 정착했다. 대표적으로 제주도는 물론이고 멀리 전라도 나로도나 청산도 사람들도 뱃길로 부산에 들어왔다. 부산 인근의 경상도 도서지방 젊은이들이 어릴 때부터 아버지를 따라 바다에서 파도와 맞서던 경험으로 부산에서도 배를 탔다. 바다와 관련해 먹고 살 수 있는 일자리는 다양했다. 상선, 원양어선, 근해 어선 등. 하지만 바다 위 노동은 엄청난 고통이 뒤따랐다. 성공을 위해 파도와 맞서 살아온 바닷사람들 또한 부산을 만들어 온 중요한 부류였다.

이처럼 부산에는 토박이보다 외지에서 유입된 불안정한 사람들이 다양하게 분포했다. 생존기반이 불안정했던 사람들이 지니는 삶을 향한 강인한 에너지가 오늘날 부산의 만드는 대표적인 요인이었다.

근대 주체의 권리 찾기

1876년 근대 개항은 조선의 변방을 하루아침에 중심으로 바꾸어 놓았다. 전근대부터 탈중심적인 사고로 살아왔던 부산 사람들은 외국 상인들과 관계 맺기를 통해 새롭게 형성되는 시스템에서 자신의 살길을 찾았다. 부산 사람들은 기존과 다른 새로운 문화에 적응하기도 하고 저항하기도 하고 흡수되거나 투쟁하면서 새로운 근대적 주체로 성장해 나갔다. 근대적 주체란 왕이 지배하던 전근대의 신분제 사회와는 달리 근대적 가치, 즉 민중이 주인공으로 살기 위한 역량을 가진 존재로서, 자유와 평등의 가치를 추구하고 실천하는 자를 말한다. 따라서 근대 주체는 다양한 활동과 모습으로 나타난다. 여기서는 저항운동을 근대 주체 형성과 관련지어 살펴본다.

부산 사람들의 권리 찾기 운동은 시대적 상황에 따라 다양했다. 개항기 부산 사람들은 자신들이 당면한 문제 해결을 위해 저항했다. 봉건 잔재를 거부한 동래 민란(1883년), 일본인 상인과 부당한 거래에 반발한 쌀 판매 거부 운동(1884년), 부산진 선창가 투쟁(1886년) 등 생존투쟁을 벌였다.

1905년 을사늑약 이후 식민지화가 점차 현실화되면서 근대식 학교 설립을 위한 교육 운동과 국채보상운동(1907년) 등은 개인의 문제가 어떻게 민족적인 과제와 결합되어 있는가를 잘 보여주는 사건이다. 1919년 3.1운동이 공간적으로 부산진, 동래, 구포, 기장, 좌천 등으로 급속히 확산될 수 있었던 것은 식민지 정책이 단순히 민족적인 차별만이 아니라 자산의 삶을 억압한다는 점을 피부로 느꼈기 때문이었다.

일제강점기 부산 사람들의 자기 권리 찾기는 일상생활에서도 활발했다. 도시빈민들의 주택난과 산동네 위생문제, 도항 제한 철폐 등 자신들의 생활환경을 개선하기 위해 행정당국을 상대로 한 진정과 시민대회를 통해 권리를 행사했다. 일제는 도시빈민을 구제하기 위해 다양한 사회사업을 실시해야 했는데, 식민 당국의 정책변화는 식민자들의 배려라기보다 부산 사람들이 싸워서 얻은 성과물이었다. 이 시기 일상에서의 저항은 개인의 단위를 넘어서 지역, 민족의 형식으로 드러났다. 박재혁과 그의 친구들이 연루된 의열단 투쟁, 청년운동, 학생운동, 신간회 및 근우회 활동, 노동운동 등과 일제 말 부산 항일학생의거는 결코 우발적이지 않고 근대 주체 의식을 배경으로 했다.

해방과 한국전쟁은 일제강점기 항일운동가들에게 새로운 활동 기회를 제공하였다. 부산 출신뿐만 아니라 해외에서 귀국한 항일운동가들이 부산에 정착했다. 이들은 해방 후 신국가 건설 운동에 참여하기도 하고, 정치활동과 문화운동에 종사하기도 했다. 그리고 해방 후 한국전쟁을 거치면서 새롭게 부산 사람이 된 귀환 동포와 피란민들 등 생활기반이 불안정했던 자들은 갈등과 저항, 타협을 반복하면서 자신의 삶을 개척하기 위한 역량을 축적했다.

이 시대 부산 사람들의 경험은 1960년 이승만 독재 정권에 저항하는 동력으로 작동했다. 학생들의 '학원의 자유 보장'이라는 슬로건과 이종률과 그의 제자들이 중심이 된 통일운동은 부산의 저항정신을 보여주는 대표적인 사례이다. 그리고 부산 사람들의 대표적인 권위주의 정권에 대한 저항은 부마 민주항쟁이다. 1970년대 유신헌법을 앞세운 박정희 정권의 폭압으로 부산 사람들의 반독재 투쟁은 주춤거렸다. 이 시대에는 집단시위가 사라지고 개별적 소규모 저항만이 가끔씩 전개되었다. 이런 분위기에서 1979년 10월 16일 부산대에서 시작된 부마 민주항쟁은 엄혹한 박정희 정권 아래에서 유래를 찾기 힘든 집단시위였고, 결과적으로 유신정권을 붕괴시킬 수 있었다. 부산에서 부마 민주항쟁이 일어날 수 있었던 것은 공업도시로 성장한 부산에 많은 이주민들이 정착했다는 점, 경공업 중심의 산업구조에 고용되었던 노동자들이 노동착취를 경험했다는 점, 유신정권의 폭력 앞에 자괴감에 빠져있던 지식인과 대학생들이 자기 삶의 주인공으로 살고자 하는 욕망이 강했던 점 등을 들 수 있다.

마무리

이상에서 부산은 변방이라는 지리적 위치와 다양한 시대적 상황에 따라 정착한 이주민들의 생존을 위한 몸부림과 에너지의 축적을 확인할 수 있었다. 그 에너지는 일상에서 생활력으로 드러나기도 하고, 자신의 권리를 억압하는 구조, 즉 식민지 시대 항일운동, 권위주의 시대 민주화운동으로 분출되기도 했다.

이제는 시대가 바뀌고 세대가 바뀌었다. 20세기 초 부산을 만들었던 주인공들은 사라져간다. 인간이 자기 삶의 주인공으로 산다는 것은 시간을 초월해서 관통되는 진리이다. 역사는 인간이 마주한 당면 문제의 해결 방식을 잘 보여준다. 지난 시대 주인공의 삶을 살펴보는 이유가 여기에 있다. 최근 개봉된 영화 <서울의 봄> 관람자 가운데 20대의 젊은 층들이 많다고 한다. 전혀 공감할 수 없을 것이라고 생각했던 역사적 사건을 두고 모처럼 다양한 세대들이 소통하고 있다.

부산의 오늘, 부산 사람들의 현재 모습을 이해하기 위해 과거를 더듬어 보는 것이 지나가 버린 것, 쓸모없는 것이 아니라 한 번쯤 생각해 보고 공감할 수 있는 이야기가 될 수 있기를 기대한다.

오! 부산

유산으로 본 부산의 미래

부산 공동체를 위한
살림의 집을 향하여

유재우

부산대학교 건축학과 교수, 건축사, 공학박사
현 부산광역시 건축정책위원장, 전 한국주거학회 학술부회장
전 대한건축학회 부울경지회장, 부산국제건축제 집행위원장

부산대학교 건축학과 교수이다. 한국인과 부산의 민가와 마을, 그리고 근대기의 변화를 연구해 왔고, 현재에도 살아있는 살림집을 구상하고 있다. 이러한 생각을 모아 마무리 저서를 준비하고 있다. 한국주거학회 학술부회장과 (사)부산국제건축제 집행위원장을 역임하였고, 현재 부산광역시정책위원장이다.

부산 공동체를 위한
살림의 집을 향하여

유재우
부산대학교 건축학과 교수

집의 의미

사람은 집이라는 세계 속에서 산다. 사람이 만든 집은 사람의 살림을 살린다. 선사시대의 집은 외부의 위험이나 위협으로 부터 보호받기 위한 최소한의 거처 형태로 시작되었다. 하지만 조선의 집은 유교를 실천하는 현장이 되는 도장(道場)이 되었다. 이 도장은 가족, 이웃, 자연과의 관계 속에서 생로병사의 삶이 자손대대로 이어지는 살림을 살리는 살림집을 이념으로 한다. 이같이 집이란 시대마다 다른 삶을 구조화시킨 문화적 실체이며, 그런 공간 내에서 사람이 살아가게 된다.

부산의 공간에 나타난 집의 과거부터 현재까지의 변화를 살펴 미래 부산의 집까지 상상해 볼 수 있을 것이다.

해방 이전

과거로부터 부산은 동래읍성과 좌수영성이 있는 한반도의 바다 국경에 위치한 호국의 고장이다. 구한말 부산 지역의 살림집은 동래읍성 내외에 기와집과 3칸이나 4칸 규모의 기와집과 초가가 언덕이나 해안에 옹기종기 자리 잡고 있었다. 조정에서는 1407년 일본과 교류를 허락한 초량왜관 내에는 일본식 목조주택이 즐비하였다. 이후 개항을 거쳐 일제강점기에 일본인들이 부산으로 이주해서 일본 도시를 부산에 이식해 놓은 풍경으로 변하게 되었다. 새로 난 신작로에는 일부 대지주나 무역상을 위한 저택이나 상가주택 등도 건축되었고, 지금도 일부 남아있다. 일본인 시가지 내에는 근대식 병원이나 학교, 세관, 상점, 영사관이 들어서게 되었고, 청나라 조계지가 위치한 초량에 건축물과 가로등이 들어섰고, 전차가 시가지를 가로지르는 이국적인 도시 경관을 이루게 되었다.

해방 이후

1945년 해방이 되자 패전국 일본인들은 약 6만 명이 되돌아갔고, 이들이 거주하였던 목조주택이 있었다. 해방 당시 부산 인구가 32만에서 28만이 되었다가 이어서 6·25전쟁으로 피란 동포가 밀려들어 오며 1952년에는 인구가 88만으로 급증하였다. 당시 부산에 터전을 잡은 해외 귀환동포 이 외에도 피란민 수용소나 언덕 위까지 임시로 지은 통상 판잣집이라 불리는 임시시설이 즐비하게 들어서게 되었다. 판잣집은 주변에서 구하기가 쉬운 각재 등으로 구조물을 세우고 지붕을 판재, 깡통, 천막, 판지, 짚, 펠트 등으로 임시로 살기 위해 만든 집이다. 이런 집들은 언덕 위 녹색 천막집은 바다의 게처럼 보여 게딱지 같은 집, 깡통을 펴서 만들어 깡통집, 경제적인 상자 모양으로 지어 하꼬(상자)방으로 불리는 집들이 시가지의 하천 변이나 언덕을 채워갔다. 일부 정착민이나 피란민은 적산주택을 불하받아 살았고 주택을 신축하는 경우는 드물었던 시기이다.

일제강점기 말 중일전쟁 등으로 일본인 이주민이 많아지

피란민의 삶, 움막집

깡통을 펴서 지붕으로 만든 집

자 부산에는 주택지가 더욱 부족해지기 시작하였다. 이에 동양척식회사의 자회사인 도시경영주식회사에서 남항을 매립해서 주거지를 조성하였다. 그 매립지에 도로를 개설하고 자갈치시장이 생겼고, 인근 남포동에 3층 규모의 집합주택인 청풍장(1941)과 소화장(1944)을 건설해 동양척식회사 직원 등 일본인이 거주하였다. 이 주택은 벽돌 조적구조에 바닥은 목조이고 계단이나 물을 사용하는 부엌과 욕실 등 바닥은 콘크리트 슬라브로 만든 복합구조로 건설되었다. 이는 전쟁시기라 물자가 부족해 생긴 방편이다. 해방 이후에 이어 한국전쟁 시기에 피란민은 이 집합주택 옥상에 판잣집을 짓고 살았다. 청풍장과 소화장은 일제강점기 시대의 주택 원래 모습부터 한국전쟁 시기 그리고 현재까지의 생활상을 간직하고 있는 집이다. 다소 변용된 상태이지만 현재 부산에 남아있는 가장 오래된 집합주택이다.

피란 시기

1950년, 부산으로 피란 온 한국주택공사에서는 원조로 흙벽돌 기계가 들어왔다. 시민들의 관심 속에서 청학동, 거제리 등지에 흙벽돌집 200여 호가 건립되었다. 주택공사 측에서 중산층 엥겔지수를 반영해 9평(약 29.7㎡) 규모로 결정해서,

흙벽돌벽에 목조 지붕틀을 세우고 경사지붕을 덮은 집이었다. 내부 공간은 아궁이가 있는 부엌을 중심으로 앞과 옆에 안방과 건넌방을 ㄱ자 형태로 연결해 난방을 관리하고, 방 사이에 마루방을 놓은 전(田)자형 평면이다.

근대주택의 등장, 흙벽돌주택

한반도의 전통주택은 폭이 한 켜인 홑집과 두 켜 이상의 겹집으로 구분된다. 남부지역의 민가는 대부분 홑집이며, 남부지역의 보편적인 전통주택은 초가 삼간집이거나 여기에 마루 1칸을 추가한 부엌-안방-마루-건넌방이 일(一)자로 연결해서 구성된 4칸집이었다.

하지만 이때 나타난 새로운 집은 어려운 환경에서 일자형 4칸집이 정사각형 전(田)자형으로 압축된 형태인데, 전통주택에 있었던 사랑방(채)이나 부속채가 소거되었다. 이 과정에서 조선의 유교적 사회에서 삶의 가치를 이루고 있었던 봉제사 접빈객(奉祭祀 接賓客), 즉 제사를 모시고 손님을 맞이하는 전통적 생활 질서가 전쟁 상황에서 공간이 소거되는 변화를 맞이하게 되었다.

해방의 기쁨은 잠시였고, 전국 각지에서 온 많은 사람은 생존을 위해 일자리와 식수부터 당장 구해야했다. 피란민들은 일자리를 찾기 위해 해외 화물을 하역하는 제1부두 인근이나 국제시장 인근인 용두산, 보수산, 수정산, 영도 고갈산 등 일터에 도보로 갈 수 있는 언덕에 기거하며, 고향으로 돌아갈 날을 기다리며 하루하루를 견디며 살아야 했다. 식수가 모자라 종일 물을 구해야 하였고 비위생적인 환경에서 전염병이나 추운 겨울을 어렵게 지내야 하였다. 아궁이가 없는 판잣집에서 취사를 위해 풍로를 피우다가 불이 잘 붙는 담장이나 지붕으로 불티가 옮겨 붙어 빈번하게 화재로 이어졌다. 1952년 추운 겨울날에 일어난 부산역 대화재나 국제시장 화재 등 황망하고 황량한 광경 속 난민이 되기도 하였다. 과거 대부분의 부산 사람들은 과거 전국 각지에서 와서 억척같이 살아왔다. 그래서 부산 사람에게는 과거의 고된 경험이 개방적이고 다이나믹한 기질로 되어있다.

해방 마을

　당시 일부 피란민 마을을 돌이켜본다면, 먼저 일제강점기에 우암동에 소를 일본으로 송출하기 위해 구제역이나 결핵 등 방역을 위해 1909년부터 건립한 목조 소막사가 19동이 있었다. 소막사 내부에 피란민이 내부를 가마니 등으로 구획해서 살았다. 이후 소막사 내외부를 증축, 변형하거나 건축물을 신축해 살아온 결과 소막사 용마루를 경계로 구조와 층수가 다른 여러 작은 집들이 서로 붙어 공생하고 있었다. 주변에 동명목재나 성창목재 등 공장이 번성하자 시골에서 일자리를 찾아 이 마을을 찾는 사람이 늘어났다. 지붕 밑에 다락방을 만들어 5~6명이 살게 되었고, 이때 칼잠이나 새우잠이라는 말이 나오게 되었다고 전한다. 인구 밀도가 높은 이 마을은 아주 활기가 넘치게 되었다. 현재는 젊은이들은 대부분 출가하고 연세가 많은 분들이 사는 조용한 마을이 되어 있다. 소막사에는 근대산업기의 흔적까지 여러 시대의 생활이 마치 타임캡슐과 같이 기억의 집합체로 존재하고 있다.

우암동 피란민 수용소와 소막사

영주동 공동수도 행렬

또한 전국에서 부산으로 이주해 온 태극도인이 현재의 보수동 인근에 판잣집을 짓고 밀집해 살았다. 부산시에서 위생과 화재 방지를 위해 태극도인에게 영도나 감천동으로 이주를 권장하게 되었다. 1950년대 말, 이들은 감천동 언덕에 자체적으로 계획적인 공동체 마을을 세우고 정착하였다. 이 정착촌은 경사지에 계단식으로 주거단지를 한반도 지도 모양으로 조성해 팔도 영역별로 각 공동체 거점을 만들고, 감천만을 바라보며 휴거를 기다리는 종교 마을을 만들었다. 이 마을은 초창기부터 회색 시멘트벽과 슬레이트로 만들어진 집들로 즐비하였다. 페인트로 외벽을 칠하고 남은 페인트에 다른 페인트를 더해서 칠하다 보니 계단식 지형이 마치 파도 물결처럼 굽이쳐 있는 마을 전체가 울긋불긋한 경관을 이루게 되었다. 이후 핸드폰 카메라가 보급되자, 마을 경관이 전국에 퍼지게 되었고, 도시재생사업을 거쳐 현재의 감천문화마을이 되어 있다.

한편 일제강점기 일본인 거주지 인근인 아미동에 일본인

태극도마을(1963)

감천문화마을(옛, 태극도마을)

공동묘지가 있었다. 피란민들은 거처할 곳을 찾다가 석재난간으로 경계가 구획된 묘지 위에 천막이나 판잣집 등을 짓고 살았고 이후에 정착하며, 점차 블록집을 신축하며 살며 마을을 이루게 되었다. 현재 비석마을로 불리고 있다.

이와 같이 부산에는 현재 소가 살던 곳, 휴거를 꿈꾸는 곳, 죽은 자가 있는 곳에 사람이 사는 마을이 존재한다. 이들은 시간과 공간이 각기 다른 헤테로피아(Hetropia)적인 부산 속에 살고 있다. 현재 이곳에 사는 분들은 근대적 격동기에서 자녀들을 객지로 보내고 노인이 되어 있다. 이들은 우리들의 부모님의 모습이고, 이방인이었지만, 현재는 부산의 터줏대감이 되어 마을을, 부산을 지키고 있다. 현재 부산은 대부분 해방 이후부터 전국 각지에서 모여 함께 살게 된 공동체 도시이다. 시민들은 과거의 어려웠던 여러 기억과 경험들을 함께 공유하며 부산의 마을마다 끈끈한 정이 흐르고 있다.

집합주택의 등장

1960년대, 이러한 부산의 풍경 속에서도 산업근대화가 진행되어 시멘트와 유리공장에서 슬레이트 지붕, 시멘트 블록 등 보급과 연탄아궁이 등 근대적 자재와 기술로 도심지 내 민간인이 건설한 창신아파트 등이 일부 건립되었다. 특히

1967년부터 불량주거지 환경개선이라는 정책으로 무허가 판잣집이 밀집되어 있었던 언덕 지역의 상하수도 시설이 없는 비위생적이고 화재위험 환경을 개선하기 위해 언덕의 불량주거지 주민을 변두리로 집단 이주시키기 시작하였다. 이어서 1969년부터 산복도로 건설과 주변에 4층 콘크리트 시영아파트를 건립하기 시작하였다. 단독주택도 슬레이트 경사 지붕에 시멘트 블록 구조에 연탄용 아궁이로 대체하는 과정에서 전통 목조에서 불연 내화구조의 집으로 변모하였다.

산복도로 주변 주택   산복도로변 주거지

1970년대 산복도로변 아파트

근대주택의 등장

　1970년대, 도시새마을운동으로 진행된 주택개량사업은 감천마을까지 변화가 나타날 만큼 전국적인 사건이었다. 당시 농촌에서 도시로 향해 인구가 집중되어 도시가 팽창하는 상황이었다. 부산시에서는 수영, 대연, 노포, 괴정, 대신, 금성지구 등 단독주택지와 남천동 해안매립지 등 아파트지구를 지정하여, 많은 민간 건설사가 생기며 주택사업을 일으키게 된다. 부산의 도시와 주택 형태 변화가 본격화되었다.

1970년대 블랑스 주택

　이러한 주택 변화 배경을 재료와 기술적인 측면에서 본다면 첫째, 부엌의 재래식 아궁이가 보일러와 온수배관 바닥매설 난방방식으로 대체되었다. 마루가 온수배관 난방이 가능해져 전통적인 부엌이 안방과 분리 배치가 가능한 형태가 됐다. 둘째, 부엌에 싱크대와 식탁, 소파의 도입으로 좌식 생활에서 입식 생활로 변화되었다. 부산의 동명목재나 성창목재 등 해외 수입 목재로 다양한 생활 가구를 생산하기 시작하였다. 셋째, 목조지붕틀 대신 콘크리트 슬라브로 대체되는 재료와 기술적 변화가 나타났다. 이로 인해 콘크리트 슬라브 바닥 하부에 방을 자유롭게 배치할 수 있게 되었다.

전통주택의 경우 안채를 기본으로 농경사회에서 필요한 곳간이나 헛간 등이 안마당을 중심으로 채와 방이 배치되었는데, 이제는 거실을 중심으로 온돌방을 자유롭게 배치하고, 생활 규모에 따라 화장실 등 필요한 실을 부가할 수 있게 되었다. 이는 이전에 구조적 이유로 지붕 용마루를 따라 지붕선 하부에 벽선을 따라서 방을 배치한 까닭에 사각형 틀 속의 평면이 4칸 전(田)자 4칸집 형태가 나타났다. 이는 당시 엥겔지수를 고려해서 만든 9평 규모이다. 이후 1960년대 베이비부머 시대에 자녀 수 증가로 인해 주택 규모도 늘어나며 4칸집에서 규모를 2칸 증가시킨 6칸집(田+日)의 사각형 틀에서 벗어난 주택 평면과 형태적인 변화로 이어졌다.

이러한 개념이 구축되자, 주택이 부족한 도시팽창기에 개발된 단독주거지에 소규모 자영 건설회사, 즉 집장수가 이러한 형태를 발전시켜, 2층으로 확대시켰다. 이를 브란서집이나 양옥집이라 부르게 되었다. 이와 더불어 1970년 경부터

4층 규모의 콘크리트조의 시영아파트와 민간아파트가 공급되며 아파트는 1980년대까지 대표적인 주택 유형으로 확산되었다. 이러한 근대식 재료와 건설 기술의 변화로 단시간에 대량공급이 가능한 고밀형 아파트를 성립시키게 되었다. 시민들은 아파트를 보편적인 주거형이며, 주택 양식으로 인식하기 시작하였다.

고밀주택의 등장

1980년대, 그야말로 고층 아파트, 공동주택의 시대를 맞이하였다. 1970년대 부산에 아파트 공사를 위해서는 구조체가 철근콘크리트 뼈대, 즉 라멘 구조이므로 현장에서 콘크리트 타설을 위해 거푸집 제작 기간이 많이 소요되었는데, 1980대 중반부터 시공 효율이 높은 철제거푸집을 채택하게 되며, 벽식구조의 아파트 공법이 도입되었다. 이후 수도권의 대기업 건설회사가 부산에 본격적으로 진출하며 15층 규모의 획일적인 판상형의 아파트가 대량 건설되며, 주변 이웃과 커뮤니티 관계, 동선이나 도시 경관이 단절되었다. 대기업체의 브랜드로 아파트를 짓다 보니 부산의 지역 특성보다는 전국 어디에서나 유사한 익명의 모습이 되었다.

과거의 집을 지을 때와 달리 공동체 개념보다는 공동주택

아파트의 도시

에 생활의 편리나 부동산 가치가 강조되고 더해져 부산에 아파트가 급속하게 확산되었다. 그 이유는 살 공간이 부족한 상황에서 시민이나 건축계에서는 자신의 삶과 직결된 집의 형태나 형식에 대해 크게 고민하지 않았고 고민할 여유가 없었다. 그동안 부산의 언덕과 해안 등 다양한 지형 환경과 무관하게 높이, 크기, 밀도 등을 숫자로만 관리하는 법과 제도적 체제에서 공동주택이 대량으로 들어서며 자연과 사람을 가리고 도시 속 마을들은 낯선 들쑥날쑥한 낯선 도시 모습으로 변화되었다.

1990년대, 재건축 재개발과 함께 대자본과 주민의 욕망이 더해져 도시 경관적인 왜곡 현상은 심화되어 왔다. 부산의 '얼'이 빠진 '꼴'이 되었다. 가족 모두가 중산층으로 진입해야 한다는 현실적인 욕망에서 과거의 공동체적 삶은 잊혀 왔다. 도시에 대해서는 울타리를 치고 방화문을 사이에 두고 이웃과 관계가 무관한 아파트가 숲을 이루게 되었다. 지난 세월을 돌이켜 보면, 우리는 이웃 상황, 자연, 자신마저도 헤아리지 않고 앞만 보고 달려오는 사이에 잃은 것도 많이 있었을 것이다.

부산은 천혜의 자연환경을 가지고 있다. 천혜의 자연환경을 가진 부산은 근대기 이후의 격동기를 겪는 사이 조화가 부족한 모습이 되었고, 이는 우리의 한 단면이 되었다.

집의 가치

2000년대 이후, 인구감소와 초고령화 사회에도 집이 늘어나고 있다. 부산의 한편에서는 초고층아파트 재건축, 재개발 현장, 노후 주거지에는 도시재생사업 현장 등 같은 도시 내에서도 대비되는 모습으로 변화되고 있다. 이는 곧 빈집 증가, 슬럼화 진행을 의미한다. 행복한 삶을 살리는 집이 경제적 불평등과 사회적 갈등의 원인이 되어 온 이유이다. 살기 위한 집이 도리어 미래의 삶까지 현재를 담보시키는 불편한 도구가 되기도 하였다.

주택 문제, 가치 문제

도시에는 많은 주택이 차 있다. 인구가 줄어들어도 집은 필요하다. 이미 개발된 도시에 집이 지어지는 방법은 낡은 집을 철거하는 재개발이나 재건축 방식으로 진행된다. 사업가가 타산을 맞추려면 기존보다 밀도를 훨씬 높여 상품으로서의 집을 많이 만들 수 있기에 재개발은 대규모, 고밀화를 전제로 한다. 재개발, 재건축의 경우, 기존 거주자가 경제적 부담으로 재입주가 어려운 경우 전체 개발 이익에 비해 상대적으로 저렴하게 처분하고 대개 도시 변두리로 떠나게 된다. 그 자리에는 외지인이 입주하게 되어, 기존의 마을 공동체는 거대 자본 앞에서 해체되고, 낯선 고밀도의 고층 아파트가 들어서 있다.

타산이 맞지 않는 노후지역은 공공에서 도시재생사업을 진행한다. 도시재생이 진행되는 곳은 사회적 약자와 노후쇠퇴 마을이 해당된다. 재생 사업 지원 목적은 마을 주민에게 경제적 가치 창출, 사회적 활성화, 물리적 환경개선에 필요한 지원으로 주민 역량을 강화시켜서 재생 사업 종료 이후에는 주민 스스로 지속가능한 활기찬 마을을 유지해야 한다. 이를 전제로 공적 자금이 투입된다. 그러나 현실은 그 기대와 달리, 사업 종료와 동시에 활기를 잃는 사례가 대부분일 것이라 예측된다. 주택 수명이 거의 다한 시멘트 블록벽에 벽화나 페인트로 채색하는 경우도 있다. 고령화가 진행되는 마을에 근원적이지 않거나 미봉적인 사업만으로는 마을 활기를 살릴 수 없다. 그래서 수혜 마을 주민이나 제한된 예산 사정으로 혜택을 받지 못하는 마을 주민들은 불만이 쌓인다. 그러니 도시재생사업은 시민을 위한 복지사업인지 재생사업인지 정체가 모호해진다.

주택 문제는 사는 목적, 사는 방법이 관련된 동시대인의 가치문제로 귀결된다.

공동체 모듬집

환태평양과 유라시아 대륙의 관문, 부산은 바다와 대륙이 만나는 경계에 경사지가 이어져 있다. 피란민이 거처하기 시작해 3~4층 규모의 집으로 변한 경사지에는 경제력이 취약한 노인 가구가 많고 도로환경이나 대지 경계 등이 신축에 필요한 요건이 갖추지 못한 경우가 많아 신축이 어려운 상태에서 공·폐가가 늘어나고 거주환경이 계속 악화되고 있다. 재개발을 위해 고층 아파트 건립이 어려운 환경을 가진 경우가 많을 것이고, 개발되더라도 거대한 아파트 장벽의 건조한 도시 모습으로 보일 것이다. 재생사업을 계속해도 도시에는 그 활기가 오래가지 못할 것이다. 20~30년 이후의 모습을 상상해보게 된다. 현재는 부산시나 주민들 스스로 대책이 뚜렷한 철학이 없는 상황이다.

공동체적 모듬집 그림

그래서 고령화와 노후화가 진행되고 있는 산복도로변 경사지 거주민의 미래를 위한 사회적 주택 개념의 대안을 제시해 보고자 한다.

현실적으로 가장 큰 난관은 거주자가 낡은 집이 아주 불편해도 익숙한 주변 환경 속에서 이웃이랑 함께 살고 싶고 한편으로는, 자신의 마지막 재산인 땅에 대한 남다른 애착에서 나타난다. 거주자의 의지가 가장 중요한데 낡은 환경에서 그대로 살고 싶다고 주장한다면 대안 제시가 어렵다. 하지만 모기지론 개념에서 땅을 내어주고 이웃과 자신이 희망하는 새로운 집에 거주를 희망한다는 조건에서 대안을 생각해 보고자 한다.

첫째, 구조적 수명을 다하고 있는 주거 환경을 개선하기 위해서 비현실적인 방법으로 공적자금을 투입하고 있는 임시방편적인 방법보다는 공공재로 공동체적인 구조체를 건립하는데 투입하는 방법을 생각해 볼 수 있다. 이때 거주자의 부지에 대해 미래가치를 고려한 감정평가 후 사용 기간과 면적으로 재산 가치를 환산해서 입주하는 방법이다. 매각이 가능하고, 가구 사이에 설비시설 교체가 용이하고 거주자의 요구에 따라 벽체의 이동이나 변경이 가능한 가변형 시스템으로 공사를 한다면 이웃하고 있는 가구 간의 통합이용이나 리모델링이 가능하므로 100년 이상 거주가 가능한 공동주택이다. 향후 사회적 변동에 따라 공동주택을 요양병원이나 호텔, 사무소 등으로 용도 변경도 가능해 구조적 수명은 물론 사회적 수명의 연장도 지속가능할 것이다.

둘째, 공동체적인 구조체의 형태는 가로, 세로 약 200m 규모의 경사지로 상정해 볼 수 있다. 여기에 기존 아파트의 벽식구조가 아닌 기둥과 보로 구성된 라멘식 구조에 승강기와 계단실을 매개로 4~5개층 씩의 주동 블록을 경사지에 일(一)자나 ㄱ, ㄷ, ㅁ자 블록 형태로 구성해서 안마당(광장)을 가질 수 있도록 연결한 마을 개념의 단지를 계획하는 방법을 생각해 볼 수 있다. 주동 블록은 계단식이고 주동을 스텝형으로 적층된 형태로 구성한다면, 수십 미터의 옹벽을 설치한 어느 도시에나 있을 법한 초고층 형태의 아파트가 아니라 지형과 경관은 물론 이웃과도 조화롭고 친환경적, 친사회적인 마을공동체 모듬집 형식이 될 것이라 상상해보게 된다.

주변 이웃과 조화로운 삶,
수국마을

셋째, 도시계획이나 경관적 차원에서 4~5개층 블록마다 설치된 승강기를 이용해 옥상에 올라가면 텃밭이나 옥상 정원을 거쳐 상부의 4~5층 규모의 블록을 진입해 또 올라갈 수 있는 형태로 만든다면 산복도로까지 보행로가 연결될 수 있다. 바다와 시가지가 보이는 경사지형 삶터의 모습이 그려진다.

넷째, 주거환경을 개선하기 위한 현실적인 방안을 생각해본다. 현실적 문제는 지주가 가진 지가보다 공사비가 더 많이 들어 사업성이 부족한 문제가 있다. 여기에 공동주차장, 공동일터, 커뮤니티 시설, 체육센터, 미니학교, 탁아소와 노인정 등 지원시설을 만들면 청년계층과 거주가 가능한 환경이 조성될 수 있을 것이다. 이러한 시설에 소요되는 추가적인 비용은 사회주택 개념이나 15분 도시사업이나 도시재생 사업 지원과 연계시킨다면 부가적인 예산으로 충당할 수 있다. 특히 이러한 사업지 2개소를 동시에 진행해서 한 군데는 기존 지주용으로 또 다른 한 군데는 다소 고가의 분양방식으로 사업을 추진한다면, 부족한 공사비 결손을 어느 정도 해결할 수 있을 것이다. 이는 사업부지당 200가구 정도가 거주하는 1~3층 규모의 낡은 주택을 2배 이상 고밀화를 전제로 한다. 또한 전문가나 지역활동가, 건축가가 참여하는 지주회사를 설립해서 추진해야 할 것이라 생각된다.

지속가능한 집

가까운 일본에서는 빈집이 일천 만 가구가 넘은 지가 이미 오래다. 지금까지의 집에 대한 인식의 전환이 필요하다. 유엔에서는 하나뿐인 지구가 필요한 것은 후손들을 위한 지구 복원력 유지와 지속 가능한 개발과 기후변화 위기에 대응하기 위해 탄소 절감이나 RE100 등의 실천을 요구하고 있다. 또한 부산광역시의 미래를 생각하는 도시경영을 위해서는 택지나 도로, 토목사업 등 인프라 시설 제공이 시에서 해야 할 모든 것이 아니라, 모든 시민에게 도시에서 살 권리 부여, 경제적 안정을 위한 일자리 제공 등 포용적 가치를 실현하라는 요구를 하고 있다. 이러한 세계적 관심은 향후 부산에서의 삶의 방식이나 주거 형식과 직결된 문제가 되고 있고 해결해야 할 것이며, 현재의 당면 과제로 관심을 가져야 할 것이다.

2015 유엔정상회의
지속가능 발전 목표

미래의 집

근래에 한국인은 음식, 음악, 영화 등 많은 분야에서 세계에 한류 문화를 알리며, 주목을 받고 있다. 하지만 건축 분야는 아직 그렇지 않다. 선진국뿐만 아니라 동남아에서도 주택 계획 방향을 정할 때, 행복한 공동체 형식을 구현하는 조건들을 최고로 우선시된다. 나아가 공동체가 조화롭게 살 수 있는 생활의 구현, 소재와 구법에서 자연친화적 주택, 저렴하게 스스로 지을 수 있는 '자율주택', 지구 환경과 공생을 위한 '작은주택' 개념으로 관심이 윤리적인 차원으로까지 변화하고 있다.

실천적 결단을 위해

이제 부산은 포용적인 가치를 공유하고 있는 전 지구적 환경과 인구 감소시대를 맞이하며 집이 어떤 가치를 갖는 변화가 필요할까, 스스로 물어볼 때가 되었다. 과거 산업사회에서는 '싸게 빨리'의 시민에서 '더불어 행복'이라는 공동체 살림을 위한 살림집을 위한 부산시민으로의 인식 전환이 필요한 때이다. 최근 부산시에서는 '부산건축도시디자인 혁신방안'을 선언하며, 획일적인 아파트가 아닌 특화된 디자인을 권장하고 있다. 삶을 담는 주택에 미학적 가치가 더해져야 하겠지만, 윤리적 가치까지 더해지면 더욱 반가울 것이다.

이제 부산의 삶을 더 행복하게 만드는 우리 공동체의 삶의 형식과 가치를 갖는 집을 구상해야 하며, 그러한 실천이 필요한 시점이다.

바다, 산, 하천, 언덕의 도시 부산

오! 부산

유산으로 본 부산의 미래

레이어드 도시, 부산의 건축

이승헌

동명대학교 실내건축학과 교수

동명대학교 실내건축학과 교수, 학교 건축과 관련하여 공간혁신 및 그린스마트스쿨에 관여하였으며, 다년간 유아관련시설 디자인 연구에 참여하였다. 공간복지 콘텐츠로 '꽃피는 경로당', 'HOPE사업', '중소기업환경개선', '도시놀이터', '마을공유주방' '동네목욕탕' 등에 디자인 기획 및 컨설팅하였다. 부산의 도시와 공간을 소개하는 저술활동 및 대중강연을 지속적으로 진행하고 있다. 저서로는 『공간에 반하다』, 『하우징 디자인핸드북』, 『부산 속 건축』, 『마흔에 살고싶은 마당있는 집』, 『101가지 부산을 사랑하는 법』 등이 있다.

레이어드 도시, 부산의 건축

이승헌

동명대학교 실내건축학과 교수

휴일 아침 일찍, 영도에 들렀다가 집으로 향한다. 360도 회전하며 오르는 부산항대교는 매번 롤러코스터의 긴장감을 유발한다. 수평선 새벽 구름 위로 붉은 얼굴을 반쯤 내민 태양이 오늘따라 더욱 신비롭게 느껴진다. 어둠에 묻혀 있던 바다가, 땅이, 공기가, 기운이 저 여명으로 인해 되살아나고 있다. 대교를 가로지르며 스쳐 보이는 도시의 모습은 마치 영화의 한 장면과 같이 겹겹이 이어진다. 도시 전체를 아우르는 산의 능선은 하루 중 가장 선명한 실루엣으로 보인다. 경사지 집들과 삐죽삐죽 솟은 아파트 창들에 드문드문 불이 밝혀지고, 부두의 거대한 크레인들은 층층이 쌓아놓은 컨테이너를 옮기기 시작한다. 검은 기운이 가시지 않은 바다에는 팬스타크루즈 한 척이 떠 있고, 그를 비켜 지나는 작은 고깃배들의 분주함도 보인다. 어스름에서 깨어나는 도시의 곳곳에 생기가 스민다.

　그 순간 문득 혼잣말을 뱉는다. '이것이 부산 아이가.' 달리 장황하게 설명할 필요 없이 이 새벽녘 해 뜰 시간에 부산항대교-광안대교를 건너며 겹쳐 보이는 여러 장면들 자체가 도시 부산의 본캐(본모습)가 아니겠는가 싶었다.

　어느 도시가 뭐 안 그런 곳이 있겠냐만은, 특히 부산이라는 도시는 다종다양한 결이 혼재돼 있다. 세계의 메트로폴리스(대규모의 광역권 大都市) 중에서도 거의 유일무이하다. 인구 350만의 대도시에 산과 바다, 강이 엉켜있는 지형적인 특징도 그렇지만, 짧은 기간 겪은 근현대사의 드라마틱한 여러 사건도 한몫했다. 시계추를 되감아 당장 100년의 시간을 돌아보면 일제강점기와 한국전쟁, 근대화 과정을 온몸으로, 정통으로 맞았다. 그로 인해 과거 역사가 남긴 충돌의 흔적들과 산업화를 이룩하기 위한 억척같은 노동의 잔재들, 그리고 첨단 미래 도시로의 열망들이 도시 곳곳에 뒤섞여 있다. 지정학적 특징으로 보면, 대륙의 끝단이면서 동시에 대양을 향하는 시작 지점이다. 그렇기에 중앙정치에 대한 외면 혹은 견제 역할을 감당했으며, 다른 한편으로는 외세에 대한 끝없는 갈등과 융화의 역사적 현장이 될 수밖에 없었다. 만약에 도시를 무 자르듯 수직으로 잘라 볼 수 있다면, 무수한 켜들이 누적되고 상호 충돌하고 있는 복잡다단한 단층을 볼 수 있지 않을까.

뒤섞여 있는 혼재 자체가 당장에는 무질서로 보일 수 있겠으나, 다른 한편으로는 이질적인 것이 상호 겹쳐지면서 전혀 예기치 못했던 색다른 생성의 발화점이 되기도 한다. 아시다시피, 어떤 새로운 문화가 발아하기 위해서는 분명 기존 문화와 문화들 사이의 그 애매모호한 경계지점에서의 숱한 갈등과 충돌이 동반되어야 한다. 문화와 문화가 서로 겹치고 겹쳐서 층을 이루는 그 흐릿함의 구역이 있어야 창발의 에너지는 서서히 농축되고 나아가 생성의 가능성이 열리는 것이다.

그렇기에 태생적으로, 혹은 역사적으로 무수한 켜가 누적되어 경계의 속성을 배태(胚胎)한 부산이야말로 바로 이 레이어드(layered, 겹쳐짐)의 혼종(混種)으로부터 오히려 도시 정체성을 모색하고, 변화의 기류를 찾아야 한다.

겹쳐짐의 혼종에서 새로운 에너지를 만들어가는 부산의 대표적인 스폿을 꼽자면 '영도'를 최우선으로 들 수 있겠다. 영화 '변호인'의 촬영 장소로도 잘 알려진 영도의 '흰여울마을'은 한국전쟁의 아픔이 고스란히 새겨져 있는 곳이다. 거주할 장소가 다급했던 피난민들은 산 허리춤으로 오르거나, 30여 m 낭떠러지가 있는 해안 벼랑 끝에 위험을 무릅쓰고 손바닥만 한 집을 다닥다닥 지었었다. 역설적이게도 지금은 마을의 골목골목에서, 혹은 각 주호(主戶)에서 보는 오션뷰가 너무나도 낭만적이어서 많은 젊은 관광객들이 인생샷을 찍으려 찾고 있다. 골목 사이 계단을 따라가다가 갑자기 눈앞에 펼쳐지는 푸르디푸른 수평선과 묘박한 선박들의 장관은 정말 유니크한 시각적 경험을 제공한다. 이곳에서 건진 사진과 경험담은 인스타그램을 장식하기에 안성맞춤인지라, 부산의 대표적인 '인싸들의 핫플'이라 부를만하다. 장소의 매력을 귀신같이 포착하는 영화와 방송에 노출 빈도가 점점 늘어나는 것은 어쩌면 당연한 일이다. 이 마을이 특별한 이유는 아픔의 역사와 광활한 바다와 사이사이 골목과 감성적 스토리가 버무려져 도시 부산의 몽타주를 보여주기 때문이다.

영도 흰여울문화마을(골목 곁으로 바다가 있다)   (골목 사이로 바다가 보인다)

수리조선업의 메카인 영도 '깡깡이마을'도 부산의 또 다른 표정을 담은 장소다. 지금도 이 지역의 산업으로 유지되는 수리조선업의 명맥은 일제강점기까지 거슬러 올라간다. 최근에는 예술인들과 문화기획가의 노력으로 마을 곳곳에 그라피티, 예술 오브제 등이 설치되어 색다르게 변신하고 있다. 쇳소리와 매캐한 산업재 냄새가 나는 근대화의 자국 위에 탈현실적 예술의 기운이 덧입혀져 SF 영화 한 장면 속을 거니는 착각을 불러일으킨다. 바로 인근에 있는 봉래동 물양장(소형 선박이 접안하여 계류하는 안벽 구조물) 역시 시공간을 초월한 저세상 텐션을 뿜어낸다. 하역한 물류들을 임시 보관하던 창고군(群)과 그 앞에 계류한 선박들의 선수(船首)는 투박한 부산사나이 이미지를 물씬 풍긴다. 바다 건너 북항과 그 너머 중첩되어 보이는 도시 조망이 꽤나 매력적이라, 최근 여기 창고 건물 중 몇몇은 개성 충만한 카페, 레스토랑으로 손바뀜이 일어나고 있다.

이 미장센(mise-en-scène) 조망의 뷰포인트를 조금 더 높은 지점에서 즐기려 한다면, 영도 청학동의 산복도로 카페에 방문하는 것이 탁월한 선택이다. 사방팔방 트인 조망은 도시 부산의 모든 것을 보여주는데, 특히 신기한 것은 부산의 왼쪽 끝(송도)에서 오른쪽 끝(오륙도)이 한눈에 포착된다는 사실

북항(자연과 도시의 모습이 겹쳐 보인다)

이다. 슬로우 무빙을 따라 보이는 파노라마 뷰 파인드 안에
는 부산의 바다가 있고, 부산의 산이 있고, 부산의 산업이 있
고, 부산의 일터와 집들이 빈 곳 없이 차곡차곡 겹쳐 있다. 마
치 시어(詩語)의 행간과 같이 부산 사람들의 숱한 일상들이,
질곡의 역사가, 그리고 온갖 희로애락이 그 사이사이로 언뜻
언뜻 보인다.

영도대교(부산의 역사와 도시와 자연이 겹쳐있다)

레이어드 도시, 부산의 특징을 단적으로 영도의 현상(現像)에 빗대어 설명하였다. 서사적 수사(修辭)를 통해 사실은 침잠(沈潛) 되어 있는 도시의 켜들을 들추어내려 했다. 부산의 고유한 매력을 자아내는 요소로 여러 가지를 손꼽을 수 있겠으나, 필자는 특히 다섯 가지에 주목한다. 도시 부산의 풍경을 자아내는 대표적인 인자(因子)로 [바다]를 꼽는 것에 동의하지 않을 사람이 누가 있겠는가. 그리고 간직하고, 기억하고, 되새기며, 새롭게 재해석해야 하는 아픈 기억, [전쟁]의 흔적은 떼래야 뗄 수 없는 부산의 한 일부이다. 또한 산이 많은 지형적인 특징과 더불어 피난 시절의 애환이 만들어 낸 도시의 실핏줄 [골목] 역시 부산의 주요한 자산이 아닐 수 없다. 이런 흥미진진한 스토리와 짙은 감성이 [영화]라는 콘텐츠와 절묘하게 만나 '영화의 도시'가 된 것은 부산의 숙명이 아니었을까 싶다. 마지막으로 부산에는 실험적 문화현상들이 심심찮게 튀어나오는데, 이는 부산의 뿌리 깊은 [경계]적 속성에 기인한다.

이 다섯 가지 켜의 기반 위에 우리 도시만의 표정과 우리 도시만의 문화가 만들어져 왔고, 지금도 만들어지고 있다. 또한 부산에서 이루어지는 다방면의 창작 활동이나 사회운동, 정책 역시 이 켜들과의 관계에서 인터 위빙(inter-weaving, 상호 직조)하며 새로운 도시의 얼굴을 만들어가야 한다. 그 잇대어-짓기의 촘촘함으로 부산다움은 더욱 윤곽이 선명해질 것이다. 그러니 레이어드의 혼종은 우리 도시만의 고유한 그림을 그리기 위한 밑그림(rough sketch)이요, 그림판인 셈이다.

건축은 컨텍스트(context)에 지대한 영향을 받거나, 혹은 컨텍스트에 심대한 영향을 끼치는 매체다. '짓다'라는 의미 자체에 이미 맥락적 접근이 전제되어 있다. 주변 맥락을 살피고, 맥락에 얹어서 엮어나가는 어우러짐 자체가 '짓기'의 본성이다. 이를 두고 하이데거는 "지음(building)은 이미 그 자체로서 거주(dwelling)하는 것이다."라 표현한 바 있다. 하나의 건물이 건립되는 것이지만, 그 건물로 인해 동네 분위기가 달라지고, 도시의 풍경이 달라지며, 사람들의 삶의 질이 달라진다. 그렇기에 건물이 지어질 그 땅에 대한 환경적 맥락을 고려하는 것은 너무나도 당연한 일이며, 좀 더 광역적 차원에서 그 도시의 정체성이나 역사적인 의미까지 살피는 것은 더 나은 건축, 더 나은 도시환경을 짓기 위한 건축가의 애티튜드라 하겠다.

짜임이 잘 된 직물이 촉감적으로나 시각적으로 좋은 느낌을 전달하듯이, 지형적, 문화적, 역사적, 사회적인 켜들과의 맥락을 세심하게 잇고 엮고 해야지 더욱 질감 좋은 건축이 될 수 있을 것이다. 건축의 장소성이니, 지역성이니 하는 논의도 여기서 출발해야 한다. 해서 앞서 언급한 다섯 가지 부산의 켜를 조금 더 구체적으로 살펴보며 건축과의 관계를 되짚어 보고자 한다.

바다와 부산의 건축

부산의 바다는 동해에서 남해로 이어진다. 만곡과 돌출을 반복하는 해안선은 무려 305km에 달한다. 도시의 절반 이상은 바다의 기운을 머금고 있다. 바다를 업으로 삼은 어업이나 조선업의 발달은 당연한 것이며, 도시의 일상과 문화에 바다는 빠질 수 없는 배경 역할을 한다. 대양과 마주한 사람들의 기질은 대체로 화통하며, 개방적이다. 외래의 것이 드나드는 항구도시의 속성상 잘 섞이는 경향을 보이며, 다이내믹한 사회 현상들이 어렵잖게 목격된다. 글로컬이 더욱 강조되고 있는 시대적 상황에 바다는 부산의 도시 정체성과 미래 먹거리를 담보한 핵심 자원이 아닐 수 없다.

지역민과 지역사회의 핵심 켜인 바다를 부산의 건축에서는 어떤 방식으로 대면하고 있을까. 우선 바다에 다가가고자 하는 열망은 '조망 방식'의 다양한 실험으로 나타난다. 달맞이고개를 휘돌아 오르는 경사지 건물들에서 각기 다른 독특한 창호를 발견할 수 있다. 가로로 찢어진 창, 액자 같은 프레임 창, 돌출된 사각 창, 통유리 전창 등등 조망에 대한 열망이 각기 다르게 적용되어 건축의 독자성을 만들어내고 있다. 기장 해안가를 따라 즐비한 각양각색의 카페 건물들도 자세히 뜯어보면, 동해 바다의 푸름과 은빛 일렁임을 보다 드라마틱하게 보여주려고 채택한 창호 디자인에 의해 형태적 특질이 결정지어졌다고 해도 과언이 아니다.

청사포(달맞이언덕과 주거와 바다와 어업과 카페가 겹쳐 있다)

바다라는 켜를 더욱 적극적으로 엮어내는 방식은 친수환경으로써의 건축을 지향하는 것이다. 바다 가까이에 다가서서 물과 잘 어우러지는 건축 형태를 만드는 사례들을 찾을 수 있다. 동백섬에 조성된 '누리마루 APEC 하우스'와 '더베이 101'의 경우, 부산에서 처음으로 워터프론터(waterfront)의 경험을 제공했다. 바다와의 친밀감을 체감할 수 있는 공간을 조성한다는 것은 부산의 건축이 보다 적극적으로 모색해야 할 방향일 것이다. 그런 차원에서 기장 '아난티코브'의 경우, 숙박객은 물론이거니와 일반 시민들에게도 바다를 친근하게 만날 수 있도록 배려한 건물임을 느낄 수 있다.

부산의 몇몇 배를 닮은 외형이나 갈매기를 형상화한 건물은 바다에 대한 그저 표피적 표현으로 아이콘(icon) 그 이상도 그 이하도 아니다. 바다와 잘 엮인 건축은 최소한 바라봄의 열망을 새로운 방식으로 녹여 넣어야 하며, 아니면 가까이 다가서서 누릴 수 있도록 하는 속 깊은 배려가 느껴져야 하지 않을까. 고민해야 할 대목이다.

골목과 부산의 건축

세계의 모든 도시에는 골목이 있다. 하지만 부산의 골목은 유별난 면이 있다. 전쟁통에 전국 팔도에서 몰려든 피난민으로 인해 도시의 밀도는 짧은 기간에 걷잡을 수 없을 정도로 높아졌다. 점진적, 자연발생적으로 도시가 조성되지 못하고 단기간 급작스럽게, 인위적으로 형성되다 보니 기형적 측면이 없지 않다. 평지가 많지 않아 먼저 자리를 잡은 아랫집보다 조금 더 경사지로 올라가서 집을 짓고, 또 그 위에 터를 만들어 짓고 하다 보니 산허리까지 집들이 빼곡하게 되었다. 그 사이를 왕래하기 위해 사람 다닐 통로를 꼬불꼬불 이어서 골목과 계단들이 생겨났고, 산허리를 휘감고 지나가는 산복도로가 개설될 수밖에 없었다. 세월이 흘러 집들은 개선되고 삶의 수준은 한층 올라갔으나, 도시 인프라의 수준은 여전히 열악하여 아직도 몸살을 앓고 있는 동네가 한둘이 아니다. 그럼에도 이런 독특한 골목 구조를 가진 동네엘 가보면 여전히 사람 사는 냄새를 맡을 수 있으며, 이웃과의 커뮤니티가 어느 정도 살아있음을 느낄 수 있다.

그중 대표적인 곳이 감천문화마을이다. 여기는 부산의 대표 관광지로 자리 잡았다. 그 인기의 비결은 단연코 골목이다. 특히 수평으로 연결된 골목과 경사면을 극복하기 위한 수직의 계단들이 절묘한 패턴을 이루고 있다. 계곡 지형의 능선을 따라 집들을 연이어 짓다 보니, 어깨를 나란히 하여 물결치듯 흘러가는 마을과 골목의 모습이 사뭇 동화 속 나라와 같은 친근감으로 다가온다. 하지만 어린 왕자 조각상과 사진 찍고 돌아가는 관광행태로는 이 마을의 찐 매력을 온전히 전달하지 못한다. 골목으로 연결되어 있는 마을의 구조와 그 사이에 펼쳐지는 삶의 속살을 느낄 수 있도록 해야 한다. 골목의 속성과 가치를 더 잘 전달하기 위한 문화적, 건축적인 장치들이 더 수정 보완되어야 한다.

시대적 켜가 누적되어 있고 짙은 삶의 흔적을 느낄 수 있는 또 다른 부산의 대표적인 골목은 바로 '이바구길'이다. 부산역 건너 초량의 평지로부터 시작하여 집이 빼곡한 산 허리

춤까지 횡단하여 따라 오르다 보면, 다양한 이바구('이야기'의 부산 사투리)를 접할 수 있다. 168계단과 모노레일, 문화공간들이 자잘한 얘기들을 속삭이며, 중턱에서 내려다보는 경관(바다-대교-북항-부산역-경사주거지-산복도로)은 세잔의 풍경화처럼 숱한 도시 이미지를 보여준다. 이 골목에서 아이가 태어나고, 또 어떤 이는 숨을 거두고, 치열한 일상들이 뒤엉키고, 시대의 변화에 맞서 적응하며 살아내었다. 이바구의 이면이 보여 뭉클해지기까지 한다.

이 외에도 부산에는 보수동 책방 골목, 중구 원도심의 골목, 보수산을 끼고 있는 영주동과 동대신동의 골목, 안창마을과 호천마을의 골목, 물만골 미로 골목, 봉산마을 마실길 등등 셀 수 없을 만큼 많은 골목이 마치 손의 지문(指紋)과 같이 땅의 지문(地紋)을 형성하고 있다. 이 실핏줄과 같은 골목골목에 건강한 피가 흘러야 도시 전체가 더 건강해질 것이다. 많은 재원을 투입하는 도시재생사업의 성공도 어떻게 골목에 훈기가 돌게 할 것인가에 대한 치열한 고민에서 출발해야 한다. 이 골목들에 있는 마을 사람들의 네트워크가 다시 살아나야 하며, 경로당과 마을센터가 더욱 풍성해져야 하고, 학교와 도서관이 더욱 건강해져야 한다. 골목에 누적되어 있던 오랜 문화와 삶의 패턴이 존중되어야 하고, 더불어 새롭게 활성화 되도록 해야 한다.

전쟁과 부산의 건축

부산 곳곳에는 일제강점기와 한국전쟁의 흔적이 고스란히 남아있다. 치외법권 구역인 왜관을 거점으로 침탈과 문화 훼손이 심각하게 자행되던 어두움의 역사, 1023일이라는 짧지 않은 시간 임시수도의 역할을 감당해야 했던 무거움의 역사가 이 땅에 아로새겨져 있다. 가치 기준을 새로움에만 초점을 맞추던 개발의 시대에는 지난 상흔들을 하루바삐 지우려 했다. 하지만 아픈 과거 역사를 잊지 않고 기억하며, 오늘의 교훈으로 삼는 것은 같은 역사를 되풀이하지 않기 위해 중요하다. 역사가 남겨 놓은 메시지는 후손들에게, 그리고 외국인 방문객들에게 현재의 자신과 지역 커뮤니티, 문화 현상, 세계정세 등에 대한 사색의 기회를 제공한다. 시간의 더께가 누적되어 있는 장소들에서 어두움만이 아니라, 역사의 의미와 깊이를 느끼며 배울 수 있도록 해야 한다. 이런 어둠의 역사 현장을 둘러보는 여행을 최근에는 '다크 투어리즘(Dark Tourism)'이라 부른다.

옛 사진에 남아있는 과거 '부산역사'와 '부산세관'은 일제강점기 근대식 건축기술의 총체라 할 만큼 멋스러운 외형을 뽐내고 있다. 화마와 개발의 논리에 부딪혀 흔적 없이 사라져버렸다는 사실이 너무나 안타깝다. 일제강점기에 지어져 건립 초기의 모습을 여태껏 간직하고 있는 건물 중 하나는 '구) 백제병원'이다. 벽돌조 외벽과 기단부의 화강석 마감을 보면 건립 당시의 고고했던 자태를 어느 정도 헤아릴 수 있다. 건물주를 잘 만나 개발의 광풍을 피하고, 지금은 원형 훼손을 최소화하면서 문화상업공간으로 활용되고 있다. 또한 원형 보존이 잘 된 몇 채의 적산가옥(정란각과 초량 1941, 오초량)은 옛 감성을 그윽하게 품은 문화상업공간으로 전용하여 방문객들의 사랑을 받고 있다.

최근에 '한국전쟁기 피란수도 부산의 유산'이 국제기구인 유네스코(UNESCO) 세계유산으로 등재(잠정목록)되었다. 대상 유산으로는 경무대(임시수도 대통령 관저), 임시중앙청(부산 임시수도 정부청사), 국립 중앙관상대(옛 부산측후소), 미국대사관 겸 미국공보원(부산근대역사관), 미군 하야리아 기지(부산시민공원), 유엔묘지(세계 유일의 시설), 아미동 비석마을, 우암동 소막사 등이다. 전쟁과 관련된 건축물의 가치를 인정받고, 앞으로 보존 및 보완의 길이 열린 것은 정말 다행스러운 일이다.

영화와 부산의 건축

부산국제영화제가 어느덧 30회를 향해 가고 있다. 부산은 어떡하다가 '영화의 도시'가 될 수 있었을까. 문화 불모지의 도시에 영화 콘텐츠를 심으려 꿈꿨던 젊은 지역 영화인들의 비전과 노력이 씨앗이었다. 하지만 그 이전에 이미 영화의 자양분이 부산에는 다분했다. 일제강점기 때 부산에는 극장들이 존재했으며, 최초의 영화제작사(조선 키네마 주식회사)가 발족되었다. 피난시절 영화인들의 교류가 활발하였으며, 그 이후 우리나라 최초의 영화상(부일영화상)도 부산에서 처음으로 제정되었다. 이런 누적된 기운 위에 부산 사람들의 열정적인 기질(맞다 싶으면 모든 것을 집어넣어서 하나로 만들어 내는 가마솥(釜) 같은)도 한몫했다. 사직야구장의 들끓는 응원문화와 같이, 제1회 영화제부터 시작된 열렬한 시민들의 호응이 영화제를 연착륙시켰다.

부산이 '영화의 도시'가 될 수 있었던 또 다른 주요 요인은 영화 촬영하기 좋은 다양한 로케이션을 가지고 있다는 점이다. 전쟁의 역사가 곳곳에 흔적으로 남아있는가 하면, 동시에 초고밀화된 첨단 미래도시의 모습도 가지고 있다. 바다를 횡단하여 도시를 가로지르는 대교들이 있는가 하면, 동시에 산복도로나 능선을 따라 빼곡히 지은 경사지 집들도 있다. 질

펀한 바닷가 시장과 거친 분위기의 항만 배후시설들이 있는가 하면, 전근대에 머물러 있는 세트장 같은 마을도 여러 곳 남아있다. 시간의 간극들이 온통 혼재되어 타임슬립 하고 있는 도시의 성격은 영화 시나리오를 담아내기에는 최적이다. 그래서 부산을 배경으로 한 영화나 드라마는 해가 갈수록 더욱 많아지고 있다.

영화와 관련된 부산의 건축 중 대장 격은 누가 뭐래도 '영화의 전당'이다. 규모 면에서나, 외관의 화려함에서 국제영화제 행사를 치러내는 데 하등의 어려움이 없어 보인다. 수영강 건너편에서 보는 건물의 실루엣은 센텀시티 스카이라인이나 장산의 산세, 수영강의 흐름과 잘 어우러져서 도시의 품격을 한 단계 업그레이드하고 있다. 빅루프 아래의 열린 도시광장은 영화 관련 행사 외에도 시민들에게 다양한 문화체험의 장을 마련해 주고 있다. 추가로 영화산업 관련 시설로는 센텀시티에 '영화진흥위원회', '영상산업센터', 'AZWORKS(영상후반작업시설)', 요트경기장에 '영화촬영스튜디오' 등이 있다.

하지만 '영화의 도시'라 부르기에는 아직도 부족한 면이 많다. 영화제 행사 기간에만 반짝할 뿐, 전 시민이 동참하거나 도시 전체가 들썩이는 문화행사로 자리매김하고 있지 못

센텀(강과 바다와 새로운 도시의 이미지가 겹쳐 있다)

하다. '영화의 도시'라는 별칭이 무색하지 않을 더 많은 기획
과 투자가 필요하다. 영화 관련 콘텐츠를 담은 기념관이나
촬영 세트장, 도서관, 놀이터, 파빌리온 등 시민들과 관광객
들이 더욱 가까이에서 체감할 수 있는 시설들이 확보되어야
하지 않을까. 마을과 일상으로 스며 들어갈 수 있는 대중화
전략도 필요하다. 2021년부터 시행하고 있는 '동네방네비프'
와 같이, 영화 콘텐츠가 일상 속으로 파고들며, 동시에 동네
의 매력도 부각시켜 주는 멋진 기획력이 요청된다.

경계와 부산의 건축

　바다, 골목, 전쟁, 영화의 켜에 걸러지지 않는 부산만의 독특한 장소들이 몇몇 있다. 대체로 실험적인 문화 감성들이 묻어나는 곳들이다. 이런 특이 현상의 유래를 유추하다가 '경계' 지점에서 발생하는 징후이지 아닐까 판단하였다. 부산은 경계의 역사를 살아왔다. 중앙정치로부터의 배제나 외세의 침략에 대한 '저항'의 사건들은 변방이기에 겪은 경험이며, 우리끼리 뭉쳐야 하는 '의리'나 다른 문화에 대한 빠른 '융화'와 같은 집단적 기질도 그래서 형성된 것이다. 주류 문화와는 대척 지점에 있다 하더라도, 필(feel)이 꽂히면 앞뒤 가리지 않고 내질러 해보는 실험정신도 바로 경계인들에게서 나타나는 모습이다. 사회 비판을 풍자로 표현했던 동래야류, 수영야류도 일종의 실험정신이 만든 문화였고, 독립영화, 비보잉, 노래방, 트로트와 같은 비주류 현대 문화의 발상지 혹은 메카가 부산이었다는 점도 같은 맥락에서 이해할 수 있겠다.

　바다와 땅이 엇대어 있는 해항 구역은 특히 변화에 민감한 반응을 보이는 경계 지점이다. 그중 지금 부산에서 가장 눈부시게 변신하고 있는 곳이 '북항'이다. 수십 년간 거대한 컨테이너 벽으로 가로막혀 있던 북항의 바다가 시민들에게 서서히 열리고 있다. 이곳은 부산의 새로운 얼굴이 될 것이며, 미래 도시에 대한 또 다른 청사진을 보여주지 않을까 기대된다. 더불어 남항과 북항을 끼고 있는 영도의 대평동, 대교동, 봉래동, 청학동, 동삼동의 매립지역과 산복도로 라인이 앞으로 어떻게 바뀌어 나갈지도 흥미로운 관전 포인트다. 이미 '모모스커피'나 '무명일기', '카린', '신기숲', '에쎄떼', '카페 385'와 같은 트렌디한 카페가 들어섰고, '블루포트 2021', '아레아 6', '피아크', '스타트플러스부산', '아르떼뮤지엄부산'과 같은 문화시설들이 삽입되어 새 바람을 불어넣고 있다.

남항(산과 거주와 바다와 마을과 산업이 겹쳐 있다)

수영강 경계구역에서 벌어지고 있는 변화의 물결도 주목해 볼 만하다. 전국에서 비교 대상을 찾아보기 힘들 정도로 창의적인 공간 실험이 진행되는 곳이 'F1963'이다. 공장의 흔적을 간직한 이 복합문화상업공간은 시간적, 지역 맥락적, 문화적 켜들이 버무려지면서 도시 휴식 스팟의 새로운 장르를 개척하고 있다. 공구 골목 일대가 변신하여 확장되어 가고 있는 전포카페거리나 점조직처럼 서서히 번지면서 빵덕후들의 순례길로 명성을 얻고 있는 남천동 지역 베이커리 전문점들의 확장세도 흥미롭다.

이처럼 부산은 다섯 가지의 독특한 컬러 혹은 독특한 무늬를 가지고 있다. 세계 어느 도시가 이런 다채로움을 가지고 있을까 싶다. 말 그대로 오색찬란한, 오채영롱한 도시다. 이런 다양한 켜가 레이어드 되어 있는 도시에 건축은 어떻게 절묘하게 직조되어야 할까? 도시의 켜에는 하나도 관심 없는 무심(혹은 무식)한 짓기나 표피적 흉내 내기 수준의 질 낮은 짓기는 점차 지양해야 한다. 도시의 켜를 더듬어 살피는 세심한 잇대어-짓기가 당연시되고 보편화된다면, 우리 도시는 더욱 풍요로워질 것이며 살고 싶은 매력도시가 될 것이다.

오! 부산

유산으로 본 부산의 미래

지역 관광, MICE산업 그리고 해양문화

윤태환
동의대학교 호텔컨벤션경영학과 교수

동의대학교 호텔컨벤션경영학과 교수/ 스마트관광마이스연구소장, 영국 University of Surrey에서 박사학위를 취득했으며 부산국제관광도시 육성사업 기본계획수립 총괄책임을 맡았다. 문체부 스마트관광도시, K-관광섬, 카지노 정책 등의 분야에 심의 및 자문을 하고 있으며 제주도 카지노감독위원회 위원을 역임했다. 최근에는 부산 복합리조트 도입을 위해 노력하고 있다.

지역 관광, MICE산업
그리고 해양문화

윤태환

동의대학교 호텔컨벤션경영학과 교수

부산 관광의 현황

2030 세계박람회 개최지로 사우디아라비아의 리야드가 선정되었다. 많은 기대를 했던 부산은 생각보다 큰 차이로 고배를 마셨다. 2030 세계박람회의 개최를 계기로 부산이 서울과 함께 우리나라를 견인할 수 있는 새로운 축으로 성장해 심각한 수도권 집중화를 완화하고 지역 균형 발전의 밑거름이 될 것이라 기대한 점에서 아쉬움이 크다.

수도권 집중과 세계 최고 수준의 저출산, 고령화로 인한 인구 절벽이 지방의 소멸을 촉진하고 있으며 이에 많은 지방 자치단체는 생존을 위해 노력 중이다. 최근 지역 관광 활성화를 통한 방문자 경제의 실현이 위기에 처한 지역 경제에 대한 대책으로 주목받고 있다. 지역 관광 활성화는 정주 인구의 감소로 줄어든 지역 내 소비를 증진시킬 뿐 아니라 인구감소에 대한 대체 효과를 줄 수 있다. 한국관광공사에 따르면 숙박 여행객 14명, 당일 여행객 81명이 지역 주민 1인 소비액을 대체할 수 있다고 한다. 정부 차원에서도 많은 노력이 이루어지고 있다. 한국관광공사는 4대 중점 과제의 하나로 지역 관광 활성화를 통한 관광객 수도권 집중 완화를 내세우고 있으며 체류형 관광 증대를 위한 '야간관광 특화도시', '계획 공모형 지역 관광 개발사업' 등 지역의 관광산업 활성화를 위한 다양한 사업들을 펼치고 있다. 그중 가장 핵심이 되는 사업은 현재 진행 중인 문화체육관광부의 관광 거점 도시 육성사업으로 서울, 제주도를 제외한 지역에 대표적인 관광 거점 5곳을 육성해 우리나라를 방문하는 외래관광객의 지역 편중 현상을 완화하고 지역 소멸과 경기 침체에 대응하기 위한 사업이다. 각 거점 도시별 1,000억 이상이 투자되는 문체부 역사상 유례를 찾을 수 없는 대규모 사업으로 인프라가 부족한 지역의 관광을 지역별 거점을 중심으로 개발하고 이를 확산시켜 지역 관광을 활성화시키기 위한 목적을 가지고 있다. 강릉, 목포, 부산, 안동, 전주 등 5곳의 관광 거점 도시 중 부산은 유일한 국제 관광도시로 선정되었다. 국제 관광도시인 부산은 서울·수도권과 함께 남부권의 관광 거점으로 새로운 축을 형성하여 대한민국 관광산업을 견인하는 역할을 하게 된다.

부산 국제 관광도시 사업은 2020년~2025년까지 6년간(코로나19로 인해 1년 연장) 약 1,391억 원의 국·시비가 투입되어 3개 분야 58개의 다양한 관광 개발 사업들이 진행되고 있다. 부산 국제 관광도시의 비전은 '영화, 축제, 여행의 자유가 넘치는 아시아 제1의 해양문화도시'로 외래관광객의 방문율과 체류 기간을 늘리고 세계인 누구나 여행하고 싶은 열린 도시, 안전하고 자유로운 관광도시, 지속 가능한 해양문화 체험도시를 추구한다.

부산 국제 관광도시 육성사업은 핵심사업, 전략사업, 연계 협력 사업의 3개 분야로 구성된다. 핵심사업은 부산을 많은 사람에게 알리고 인지도를 높이기 위한 홍보마케팅 사업과 부산을 대표하는 키 콘텐츠(Key contents)를 개발해 부산의 매력성을 높이고 부산을 찾아오게 만들기 위한 핵심 콘텐츠 사업으로 구분된다. 홍보마케팅 사업에는 글로벌 디지털 마케팅 홍보와 글로벌 네트워크 연계 이벤트 프로모션 등 7개 사업이 수행되며, 핵심 콘텐츠 사업은 세븐 브리지 랜드마크 프로젝트, 열린 바다 프로젝트, 365영화 이벤트 도시 프로젝트, 부산다운 문화 관광 콘텐츠 개발사업, B-MICE 생태계 조성 등 5개 프로젝트가 수행되고 있다. 전략사업은 부산을 찾아온 관광객이 불편 없이 만족스럽게 여행을 할 수 있도록 여행 친화 환경을 구축하기 위한 사업으로 스마트관광환경 조성, 관광교통 편의 시스템 구축, 무장애 관광객 친화 환경 조성 등 8개의 사업이 있다. 마지막 연계협력 사업은 부산을 거점으로 관광객들을 인근 동남권 및 남부권으로 확산시키기 위한 사업으로 광역권 공동 마케팅 및 연계 관광상품 개발, 광역권 교통 편의 체계 구축, 통합 관광 안내체계 구축 등 6개 사업이 진행 중이다. 이러한 국제 관광도시 육성사업이 성공적으로 완료된다면 코로나 이후 부산의 관광 경쟁력을 진일보시킬 뿐 아니라 명실상부한 아시아의 중심 글로벌 관광도시로서 브랜드 이미지를 구축할 수 있을 것으로 기대된다.

세븐 브릿지

아직 사업이 진행되고 있는 단계지만 최근 들어 가시적 성과가 눈에 띄게 늘고 있다. 최근 부산은 오스트리아 수도 비엔나와 함께 글로벌 온라인 여행사 트립닷컴이 선정한 '2023 인기 급부상 여행지' TOP 2 도시에 선정됐다. 그뿐만 아니라 내셔널 지오그래픽 선정 '세계 최고의 문화 여행지 7선, 에어비앤비가 선정한 혼자 여행하기 좋은 도시 TOP 10에 선정되었으며, 2023년 국내 여름휴가 여행 만족도 1위, 국내 관광객이 뽑은 최고의 야간 관광도시로 선정되는 등 관광 목적지로서 인기가 급상승하고 있다. 이러한 성과는 수치로도 확인되고 있다. 부산은 전국 광역지자체 중 서울을 제외하고 유일하게 코로나 이전에 비해 외래관광객의 방문 비중이 증가한 곳으로 2023년 하반기 부산을 방문한 외래관광객은 108만 6,406명으로 코로나 이전인 2019년의 약 79.9% 수준이다. 이는 같은 기간 우리나라 전체 방한 외래관광객 회복률인 72.8%에 비해 7% 이상 높은 수치이다. 코로나19 이후 외래관광객의 수도권 집중이 더욱 심화되고 있으며, 김해공항의 국제선 노선의 회복이 아직 완전히 이루어지지 않고 있다는 점에서 이러한 성과는 매우 고무적이라 할 수 있는데, 국제 관광도시 사업의 진행과 K-문화에 대한 관심 증가 그리고 월드 엑스포 유치 홍보 등의 시너지가 잘 나타나고 있는 결과로 생각된다.

사업 추진에서 문제나 개선의 여지가 없는 것은 아니다. 국비 지원의 지연으로 예정대로 추진되지 못하는 사업이 있으며, 부산시의 열악한 재정 상태를 고려할 때 국비가 지원되지 않는 전액 시비 사업의 경우 추진 여부 및 시기가 여전히 불투명한 것 등 해결할 문제들이 산적해 있다. 또한, 사업 추진 방식에서도 행정 편의성이 아닌 각 사업 간 시너지를 고려한 사업 운영 방식 개선, 운영 주체의 선정 및 전체 사업의 큰 틀에서 사업 간 연계성을 고려한 예산의 투입 그리고 개별 사업의 실제 수행 단계에서 전문가 참여 및 모니터링 실시 확대 등과 같은 사업의 성공과 발전을 위한 지속적인 노력이 필요한 실정이다.

그렇다면 부산을 찾는 관광객은 누구며 어떤 특징이 있을까? 2024년 1분기 부산을 찾은 외국인을 국적별로 보면 대만, 일본, 중국, 미국 순으로 타 지역에 비해 대만 관광객의 비중이 높은 특징이 있다. 이에 반해, 우리나라 전체 외래관광객 중 가장 큰 비중을 차지하는 중국인은 11.7%로, 전국 비중 29.8%의 절반에도 미치지 못하는 매우 낮은 특징을 보인다. 시장의 잠재 성장력을 고려하면 중국 관광객 특히 빠르게 성장 중인 2선 도시의 관광시장에 소구할 수 있는 전략 수립이 필요해 보인다. 부산 관광이 가지고 있는 또 다른 특징으로 최근의 여성 주도 관광 트렌드와 대비되어 남성의 방문 비중이 상대적으로 높다는 것이다. 2023년~2024년 1분기 기준 방한 중국인과 일본인 남녀 성비는 4:6으로 여성이 많으나 부산을 직접 방문한 경우 4.5:5.5의 구조로 우리나라 전체의 2010년대 초와 비슷한 상황을 보이고 있다. 또한 일본 남성들은 제주보다 부산을 압도적으로 선호하나 한류 붐을 견인해 온 40~60대 일본 여성의 경우 부산보다 제주를 더 선호하고 있어 이미지의 변화도 필요해 보인다.

부산을 방문하는 외래관광객의 약 63% 정도가 김해공항과 부산항을 통해 들어오고 있으며 80% 이상이 지하철, 버스, 택시와 같은 대중교통을 이용해 이동하고 있다. 글로벌 관광시장은 여행 캐리어를 직접 끌고 곳곳을 다니며 직접 체험을 선호하는 개별자유여행객(FIT)을 위주로 재편되고 있다. 신형 플랩게이트로 교체된 서울 지하철에 비해 여전히 낙후된 삼발이 게이트가 대부분이고 버스 노선안내도가 한글로만 이루어진 부산의 수용태세는 여행의 자유가 있는 국제 관광도시로 가는 길의 큰 걸림돌이다. 과연 그들에게 부산이 여행하기에 편리한 도시인가 고민하고 이를 개선하기 위한 지속적인 노력이 필요한 이유이다.

외래관광객이 가장 선호하는 부산 방문지는 서면, 해운대 해수욕장, BIFF 광장, 전포 카페거리 등이며 감천문화마을, 해동용궁사, 부산 시민공원, 송도해수욕장 등이 최근 외래관광객의 방문이 빠르게 증가하는 곳이다. 소셜미디어를 통한 빅데이터 분석 결과 국가별 선호 방문지에 대한 차이가 많은 것으로 나타났다. 중국 관광객은 마린시티, 센텀시티, 해운대, 동백섬, 광안리 태종대와 같은 첨단도시 지역과 전통적 해안 관광지를 선호하는 반면 일본 관광객은 전포 카페거리, 달맞이고개, 자갈치 국제시장, BIFF 광장 등 부산의 역사와 문화를 느낄 수 있는 원도심 지역이나 전통적 관광지에 조금 벗어난 지역민들에게 인기 있는 곳으로 방문 범위가 확장되는 모습을 보인다.

최근 외래관광객들에게 인기가 빠르게 높아지고 있는 관광지로 감천문화마을과 영도 흰여울마을을 빼놓을 수 없다. 두 지역은 모두 도시재생사업을 통해 관광지가 된 곳으로 부산의 역사와 애환을 보여주는 상징적인 장소면서 실제 지역민들이 살고 있는 커뮤니티 공간 기반 관광지(Community space-based tourism destination)이다. 틀에 박힌 관광지가 아닌 지역의 역사, 문화를 이해하고 실제 지역 주민들의 생활을 직접 보고 체험하고 싶어 하는 최근의 관광행태와도 잘 부합한다는 측면에서 많은 관광객의 호응을 받고 있다.

하지만 이러한 도시재생사업을 통해 관광지로 형성된 커뮤니티 공간 기반 관광지가 사회환경과 여행 행태의 변화로 급속도로 성장하면서 다양한 문제점들이 발생하고 있다. 소음공해, 쓰레기 문제, 사생활 침해, 교통 불편과 관광지화로 인한 젠트리피케이션(gentrification)으로 지역 주민의 삶의 터전이 위협받고 있다. 전 세계적으로도 지역 관광자원의 수용 가능 범위를 넘어서는 관광객 유입을 나타내는 오버투어리즘(overtourism) 등으로 사회 문제가 확대되고 있다. 대표적인 예로 베니스와 바르셀로나 등에서는 반관광 시위와 관광 공포증(toruism-phobia) 현상 등이 나타나고 있으며 국내에서도 서울 북촌 한옥마을 등에서도 비슷한 문제점이 부각되고 있다. 실제 감천문화마을과 흰여울마을의 경우 이미 마을이 수용할 수 있는 최대 인원을 초과하는 현상들이 나타나고 있으며 이로 인해 주민 간 불협화음, 지가 상승으로 인한 터전 내

몰림, 마을의 정체성 문제, 관광객의 무분별한 행동으로 인한 주민 불편 등 다양한 문제들이 발생하고 있다.

관광산업의 최종 목적이 지역 경제의 활성화를 통한 시민의 삶의 향상이라는 측면을 고려할 때 산업에 대한 인식의 전환이 필요하다. 부산도 기존 관광산업의 기준 지표가 되었던 단순한 관광객의 수와 같은 양적 성장이 아닌 고부가가치 관광상품을 통한 질적 성장을 도모하고 지역민들의 삶의 질을 산업의 발전과 함께 우선적으로 고려할 필요가 있을 것이다.

MICE 산업과 지역 관광

고부가가치 관광산업에서 빼놓을 수 없는 것이 MICE 산업이다. 흔히 '굴뚝 없는 황금 산업'으로 불리는 MICE 산업은 회의(Meetings), 인센티브 관광(Incentive tour), 컨벤션(Convention), 전시(Exhibition/Exposition) 등의 비즈니스 이벤트를 개최하는데 필요한 다양한 서비스를 제공하는 지식기반산업으로 사람과 비즈니스, 그리고 산업을 연결해 잠재된 성장 가치를 끌어내는 산업이다. 만남과 교류가 핵심인 행사가 중심인 만큼 공해가 없고 파급효과도 커 대표적인 미래산업으로 꼽힌다. 지자체들이 많은 산업 중 특히 MICE 산업에

열을 올리는 이유는 단연 지역에 미치는 큰 경제적 효과 때문이다. MICE 산업은 다양한 분야의 관련 산업들이 연계된 복합산업으로 서비스 접점에서 발생하는 부가가치에 비해 연계된 전후방 산업에서 발생하는 가치가 큰 산업이다. 특히 MICE 산업은 지역이 전략적으로 육성하고자 하는 특화산업 발전의 플랫폼으로서의 역할을 한다. 지난 11월 개최된 국제 게임쇼 G-star가 지역 게임산업 발전을, 국제 수산엑스포가 해양 수산산업의 발전을 견인하는 것이 좋은 예이다.

지역 관광 측면에서도, MICE 행사에 참석하는 사람들은 호텔 객실, 항공기 좌석 및 다른 교통수단, 그리고 지역 음식점의 자리를 채우며, 그들의 지출은 시장통의 작은 가게에서 대규모 엔터테인먼트 및 레저 시설까지 확대될 수 있다. 또한 비즈니스 여행 상품은 레저 관광 상품에 비해 고수익인 경우가 일반적이며 MICE 참가자의 평균 지출액 규모는 일반 관광객에 비해 외국인 1.93배, 내국인 2.6배 수준으로 지역 경제에 기여하는 바가 크다.

또한 MICE 행사의 개최는 지역의 이미지를 제고하고 인지도를 상승시키며, 관광객 유치에 긍정적 영향을 준다. 국제적인 MICE 행사의 참가자들은 많은 경우 해당 분야의 전문가나 오피니언 리더로 일반 관광객에 비해 민간 외교 차원에서의 파급력이 크다. 인구 1만 명에 불과한 스위스의 작은 휴양도시 다보스(Davos)가 매년 닷새간 개최되는 세계경제포럼(World Economic Forum)으로 인해 세계적 인지도를 가지게 된 것은 MICE 산업의 효과를 보여주는 단적인 예이다. 그뿐만 아니라 MICE 행사 유치는 휴양·레저 시장과 상호보완적인 관계를 통해 관광산업의 고질적 문제인 계절성(seasonality) 극복의 수단이 될 수 있으며 비즈니스 관광객, 문화체험관광객, 스포츠 관광객 등 니즈가 각기 다른 관광시장의 소구를 통해 관광시장의 고객층을 다변화하고 지역 관광의 경쟁력을 강화할 수 있다.

그 외에도 MICE 행사는 지역 관광 산업의 차별화 전략으로 경쟁력 강화의 수단이 된다. 지역의 특화 산업과 연계된 산업 전시회와 전문 국제회의의 개최는 해당 분야의 새로운 전문지식 전파와 국제적 교류를 촉진해 특화된 이미지를 창출할 수 있으며 해당 산업과 연계한 테마 관광 상품의 개발을 용이하게 할 수 있다.

부산의 MICE 산업은 2002년 FIFA 한일 월드컵 조추첨을 필두로 2005년 APEC 정상 회의, 2012년 국제라이온스 부산 세계대회, 2014년 ITU 전권회의, 2014년, 2019년 한아세안 특별 정상 회의 등 다수의 굵직한 초대형 국제행사를 개최해 왔다. 2021년 UIA 기준 세계 18위, 아시아 6위를 차지했으며 2022년 ICCA 기준(3개국 이상을 순환하며 정기적으로 개최하는 국제 회의만 인정)으로 미국 애틀랜타, 시애틀, 이집트 카이로, 독일 프랑크푸르트, 영국 리버풀, 캐나다 오타와 등과 함께 세계 100위권의 국제회의 도시로 랭크되었다. 이 같은 성과는 20년 전만 하더라도 대부분 시민이 전시 컨벤션이 무엇인지도 몰랐던 도시에서 괄목상대할 만한 성과라고 할 수 있다. 또한, 해운대 국제회의 복합지구 지정을 통한 부산 MICE 브랜드 해비뷰 상품화와 편의시설 확충 등이 이루어지고 있으며 벡스코 제3 전시장 건설, 북항 2단계 MICE 지구, 서부산 제2 전시장 등 국제적인 MICE 도시로 부산의 위상을 만들기 위해 다양한 논의들이 현재도 진행되고 있다.

하지만 MICE 산업의 경쟁 환경은 전혀 녹록지 않다. 곧 3단계 확장으로 현재 벡스코의 4배 이상의 전시면적을 갖게 될 경기도나, 잠실 지역에 국내 최대의 비즈니스 MICE 지구를 추진 중인 서울과 비교하면 부산의 MICE 산업에 대한 투자는 매우 초라하게 보인다. 그뿐만 아니라 싱가포르와 마카오 같은 경쟁국들의 경우 이미 오래전부터 마이스, 관광, 쇼핑, 엔터테인먼트 등이 결합된 초대형 복합시설을 운영하고 있으며 현재에도 지속적인 확장을 추진하고 있다. 반면 부산 마이스산업을 어깨에 짊어지고 있는 벡스코는 오래전부터 이미 시설 포화의 징후가 보이고 있으며 규모 면에서 세계 100위권 밖으로 현재 계획 중인 제3전시장이 개관하더라도 세계적 수준의 해외(순회형) 초대형 전시회를 하기 위한 국제적 기준인 10만 평방미터에는 한참 못 미친다.

흔히 공급이 새로운 수요를 창출하는 것으로 일컬어지는 MICE 산업에서 부산이 세계적 도시로 발돋움하거나 적어도 현 상태를 유지하기 위해서는 투자는 필수적이다. MICE와 관광시설의 집적화와 복합화, 부산만의 특색을 보여주는 유니크 베뉴(Unique venue) 발굴, 도심공항터미널 개발 등 통해 MICE 관광 목적지로서 부산의 경쟁력을 강화시키기 위한 공격적인 투자와 지속적인 노력을 해야 할 것이다.

해양문화와 관광

문화가 빠진 발전은 영혼이 없는 성장(development without culture is growth without a soul)이란 말에서 알 수 있듯 관광 개발은 그 지역의 역사와 문화에 그 근거를 둘 필요가 있다. 문화는 도시가 어떤 곳인지를 말하는 핵심 이미지의 구축에 가장 강력한 수단이 될 수 있다. 지역이 가지고 있는 핵심 이미지는 관광객의 활동과 밀접하게 연관이 있으며 사람들의 관광지 선택에 결정적 역할을 하게 된다. 세계적으로 유명한 관광 목적지는 대부분 역사, 음식, 자연, 사람, 행사와 같은 문화와 관련된 강한 이미지를 가지고 있다. 즉 관광 개발은 그 지역의 역사와 문화에 뿌리를 둘 때 큰 힘을 발휘할 수 있다.

현대 관광의 핵심 키워드는 단연 '문화'라 할 수 있다. 문화는 일정한 공간이나 시간대에서 공유되는 생각, 행동, 가치, 철학, 이념으로 정의할 수 있다. 이 관점에서 지역민이 하지 않고 단순히 외래관광객만을 위한 활동은 문화가 아닌 것이다. 문화는 비일상적 놀이가 아닌 일상적인 삶의 영역으로 들어올 때 비로소 만들어진다.

세계 관광시장은 이미 획일적인 여행상품과 경험을 거부

하는 개별자유여행객(FIT)을 위주로 재편되는 추세며 그들의 관광활동 핵심은 일상의 체험이라 할 수 있다. 이름난 관광지에서 사진만을 찍는 것이 아니라 방문한 지역의 진짜 모습을 찾아다닌다. 관광객만을 위한 장소나 시설을 싫어하고 지역 주민들이 찾는 곳, 그들의 일상을 체험할 수 있는 곳을 선호한다. 관광을 흔히 비일상의 경험이라고 한다. 그런 의미에서 현대의 문화 관광은 비일상으로서 일상의 체험이라 할 수 있다.

부산은 298km에 달하는 해안선을 가지고 있는 우리나라를 대표하는 제1의 해양 도시며 역사적으로도 부산과 바다는 뗄 수 없는 관계다. 부산과 연상되는 키워드가 바다(37.3%), 해운대(14.5%), 광안리(4.1%), 갈매기(4.1%) 등의 순일 정도로 해양 관련 이미지가 압도적이다. 해양도시라는 부산의 정체성으로 말미암아 부산을 방문하는 관광객들은 해양 관광상품에 대한 기대와 체험 욕구가 매우 높지만, 계절성의 한계가 뚜렷한 해수욕장을 제외하면 해상공간에서의 활동이나 이를 활용한 관광상품은 여전히 제한적이며 경쟁력도 미흡하다.

선진 해양도시의 경우 도시 전면의 해상공간을 대상으로 한 다양한 해상 관광상품이나 기능의 도입을 통한 차별화로

도시 이미지를 강화시킬 뿐 아니라 해상공간을 지역 관광산업 활성화 수단으로 적극적으로 활용하고 있다. 이러한 도시들의 공통점을 보면 수상에서의 활동이 도시를 방문한 외지인들이 짧은 기간 즐기는 관광상품에 머무르지 않고 지역 주민들의 일상 문화 속 깊숙이 들어와 있다는 특징이 있다. 홍콩의 경우 도시의 상징과도 같은 스타 페리(Star ferry)를 포함하는 다양한 경로의 해상 교통수단을 교통카드인 옥토퍼스 카드(octopus card)의 사용이 가능한 대중교통 체계에 포함하여 지원하고 있는데 육상 교통의 대체 및 연계 역할을 수행하며 주민들 일상의 삶에 깊숙이 들어와 있는 동시에 해양도시 홍콩을 상징하는 대표적 관광상품으로도 활용되고 있다. 호주 시드니도 도시 곳곳에 수상 택시(Water taxi) 정박장을 설치하여 도시의 주요 교통수단으로 활용하고 있으며 태국의 방콕 역시 교통난 해소를 위한 대체 교통수단과 관광상품으로 차오프라야강 수상버스를 적극 활용하고 있다.

스타페리

영도 깡깡이마을, 자갈치와 송도 그리고 미포와 중앙동을 바닷길로 잇던 부산의 도선(渡船)들은 효율성과 경제성의 논리에 밀려 역사의 뒤안길로 사라진 지 오래다. 우리도 단순한 경제성의 논리로만 해상 교통수단을 바라보기보다는 부산의 해상공간에 대중교통 체계와 연계한 해상버스와 같은 해상 대중교통수단을 활성화해 내륙 교통의 보완 교통 체계로 교통 분산 효과와 함께 해양도시로서의 부산의 정체성을 강화하고 일상적인 문화로 자리 잡게 하는 두 마리의 토끼를 잡을 수 있을 것이다. 이를 통해 부산이 얻을 수 있는 것은 단순한 경제성의 차원을 뛰어넘으리라 생각된다.

부산은 해양수도를 표방하는 항구 도시이지만 해양문화는 부족하다. 해양레저관광도시 부산을 만들기 위해서는 먼저 우리에게 해양문화가 만연해야 한다. 지역민이 가지 않고, 먹지 않고 관광객만을 위한 곳이 부산의 문화가 아니듯 시민이 하지 않는 활동이 부산을 대표하는 문화 관광상품이 되기 어려울 것이다. 부산이 진정한 해양수도 해양관광의 도시가 되기 위해서는 먼저 우리 생활 깊숙이 해양문화가 들어와야 할 것이다.

문화는 비일상적 놀이가 아닌 일상적인 삶의 영역으로 들어올 때에 비로소 만들어진다. 지역민과 관광객이 모두 즐기는 일상으로 해상에서의 다양한 활동들이 이루어질 때 비로소 부산의 해양문화가 형성되고 외지인들은 부산의 해양문화에 열광하고 몰려들 것이다.

부산 관광의 미래는 광역관광권

부산관광의 미래는 어떤 모습이어야 할까? 일본 제2도시로 부산과 많은 유사점이 있는 오사카 관광산업의 최근 성장은 눈부시다. 오사카는 2013년까지 부산보다 적은 수의 외래관광객이 방문하던 도시로 외래관광객이 수도인 도쿄의 1/3 수준에 불과했지만 2014년 이후 도쿄의 관광객 증가율을 크게 뛰어넘었을 뿐 아니라 코로나19 직전인 2019년 이미 도쿄의 84% 수준까지 따라잡았다. 서울에 이어 전국 광역지자체 중 외래관광객 방문 비율이 2위인 부산이 17%에도 미치지 못하는 우리나라의 현실과 대조를 이룬다.

오사카 관광산업 성공의 중심에는 간사이 광역연합이 있다. 간사이 광역연합은 2010년 설립된 일본 최초의 광역연합으로 오사카부, 교토부, 시가현 등 일본 관서지방 2부 5현의 지자체로 구성되어 있다. 수도권 집중에 대응하고 분권과 지방경쟁력 강화를 위해 관광을 포함한 7개 분야 광역 업무에 대한 본부 기능을 수행한다. 간사이 지역의 광역 협력사례는 우리 정부를 비롯해 많은 지자체들의 벤치마킹 대상으로 꼽힐 만큼 성공적으로 평가된다. 특히 관광 분야의 성과는 눈부신데 이는 광역관광권의 구축을 통해 관광 경쟁력을 높인데 기인하는 바가 크다고 할 수 있다.

부산이 국제 관광도시로서 월드클래스의 반열에 오르기 위해서는 부산만의 힘으로는 부족하다. 우리도 광역차원의 관광루트와 상품 개발을 통해 지역 관광의 틀을 소비자의 관점에 맞게 광역적 관점에서 재정비할 필요가 있다.

광역관광정책과 광역 관광권의 구축이 필요한 이유는 무엇일까? 기존 공급자 위주의 행정단위를 주축으로 한 인위적인 관광 개발은 가이드를 대동해 관광버스로 이동하는 단체관광 시대에는 문제가 되지 않았지만, 고객이 직접 여행 계획을 짜고 이동 동선과 교통수단을 선택하는 FIT 시대에는 한계에 직면할 수밖에 없다. 광역차원의 관광루트와 상품 개발을 통해 지역 관광의 틀을 수요자의 관점에 맞게 광역적 차원에서 재정비할 필요가 있다.

또한 외래관광객의 서울·수도권 편중이 심화되고 있는 국내 관광산업의 현황을 고려할 때 동남권을 하나의 광역 관광권으로 통합해 지역 관광산업의 경쟁력을 높일 필요가 있으며, 이를 통해 인접 지자체 간 중복투자 및 유사한 개발로 인한 문제를 해결하고 상호보완적 관계의 시너지 효과를 창출할 수 있다. 예를 들어, 해양관광자원에 더해 부산에 부족한 울산의 산업관광자원, 김해의 역사자원들을 하나의 관광권역으로 엮는다면 전체 지역의 관광 경쟁력을 크게 올릴 수 있을 것이다.

물론 관광 분야만으로는 부족하다. 광역 관광 체제의 성공을 위해서는 광역 교통망과 신공항 같은 타 광역 인프라의 구축을 포함하는 포괄적 경제권의 구축이 필요할 수밖에 없다.

심각해지는 수도권 집중화의 문제는 어제, 오늘의 일이 아니다. 이미 광역철도 예산의 90% 이상이 수도권에 사용되고 있으며 최근 정치권의 논란이 되는 메가 서울 구축과 같은 주장은 이러한 불균형을 더욱 가속화할 것이다.

지역 균형 발전과 지방분권의 실현은 동남권 광역화에서

그 해법을 찾을 필요가 있다. 물론 쉬운 일은 아닐 것이다. 상충되는 무수한 이해들이 있을 것이고 지자체 사이의 지역 이기주의도 한몫할 것이다. 가장 현실적인 방법은 가능한 곳부터 단계적으로 해나가는 것이다. 지자체 간 니즈가 일치하는 관광 분야가 마중물이 될 수 있을 것이다. 먼저 실질적인 권한을 가지고 컨트롤타워 역할을 할 수 있는 광역관광본부의 설치와 단일 광역관광브랜드의 출범이 필요하다. 이를 위해서는 국제 관광도시인 부산이 광역 관광권 구축에 핵심적인 역할을 해야 한다. 남부권의 관광 거점으로 부산 국제 관광도시의 역할이 중요한 이유라 할 수 있다.

동남권 광역 관광권, 나아가 남해안 관광벨트 구축의 핵심 거점 역할을 통해 우리나라 관광산업의 새로운 축으로 성장할 때 부산은 명실상부한 국제 관광도시가 될 수 있을 것이다. 부울경, 나아가 남부권은 경쟁의 대상이 아니라 상생 협력을 통해 시너지를 일으키는 파트너이자 동반자라는 인식이 절실한 때이다.

오! 부산

유산으로 본 부산의 미래

지역의 연결자 로컬 브랜딩

홍순연
㈜로컬바이로컬 대표

역사문화환경 보전 및 활용 측면에서 지역의 스토리 기반으로 다양한 도시재생, 상권, 브랜딩 사업으로 지역활동을 확장하고 있다. 대통전수방, 르봉브랜딩학교, 부산슈퍼, 동네상권발전소, 문동어촌활력사업 등 다양한 프로젝트를 진행하고 있다. 상지건축부설연구소를 거쳐 (주)삼진어묵 브랜딩/디자인 총괄을 담당하였으며 현재는 ㈜로컬바이로컬 대표로 지역과 연결하는 사업을 진행하고 있다. 소규모 브랜딩, 공간기획뿐만 아니라 지역의 커뮤니티와 협력하는 모델로 지역을 연결하고자 한다.

지역의 연결자 로컬 브랜딩

홍순연
㈜로컬바이로컬 대표

　도시는 지속적으로 변한다. 10년 전과 지금을 비교해 보면 얼마나 빠르게 변화하고 있는지 체감할 수 있다. 온라인 통신망이 발달하면서 업무 처리 속도가 빨라지고 카페에서도 업무와 공부까지 할 수 있게 되었다. 도시는 이를 뒷받침하기 위한 하드웨어와 함께 변화에 대응하기 위한 방법까지 구축해 놓은 상태이다. 예전과 많이 달라진 환경에 한편으로는 삭막하고 사람 냄새 안 난다고도 하지만, 도시환경에서는 이런 모습도 관계 맺기의 방법이나 공간을 만들어 가는 과정으로 인식된다. 도시에 사는 사람들 대부분은 물리적 환경에 대한 변화와 함께, 그에 따른 움직임 또한 중요한 요소로 생각한다. 집도 마찬가지다. 누가 어떻게 살 것인지 표준화된 모델을 구축하기도 하지만, 대상과 목적에 따른 과감한 공간 구성과 정립이 필요할 때도 있다. 이러한 측면에서 수시로 변하는 고객의 요구에 어떻게 대처할 것인가에 대한 방법론이 대두되고 있다. 도시나 건축도 물리적 환경에서 변화를 이루는 것보다 그 속에서 움직이는 사람들에 의해서 변화되는 경우가 많다. 대부분의 사람들에게 익숙함을 제공하기보다는 서로 다름을 인정하고 스스로를 다시 회복하는 과정을 통해 도시는 변화하고 성장한다.

브랜드는 일반적으로 소비자 문화 중 하나의 장르로 인식된다. 사전적 의미에서는 어떤 경제적인 생산자를 구별하는 지각된 이미지와 경험의 집합이며, 더 좁게는 숫자, 글자, 글자체, 로고, 색상, 구호를 포함해 어떤 상품이나 회사를 나타내는 상표, 즉 표지를 의미한다. 20세기 초부터 2차, 3차 산업이 크게 발달하면서 대량 생산, 유통 확대 등 경쟁적인 시장 환경이 조성되기 시작했다. 여기에 발맞추어 기업들은 경쟁 시장 환경을 극복하기 위한 활동을 시작했는데 그 대표적인 것이 마케팅이다. 마케팅 활동이 확대되면서 제품을 차별화시키려는 전략이 개발되기 시작했고, 그 가운데 상품성을 중심으로 정리한 부분이 브랜드였다.

이러한 부분에서 최근 들어 로컬 브랜딩이라는 단어가 유행처럼 만들어지고 있다. 일반적인 브랜드와 달리 로컬 브랜딩은 큰 기업으로의 성장성을 목표로 하지 않는다. 다만 나보다 우리, 성장 지향성보다 지속가능성에 대한 관점 등이 바로 로컬 브랜딩에서 요구하는 요소들이다. 이는 소비자가 브랜드를 받아들이는 태도에도 변화를 끼친다. 단순히 유행하는 것에 대한 쏠림이 아닌, 나의 가치관과 브랜드가 가지고 있는 메시지를 살피고, 수용하는 태도에서 오히려 자신만의 정보를 탐색하고, 스스로 브랜드를 찾는 것이 가능한 시대가 된 것이다. 이는 지역에서 또 다른 가능성이 될 수 있다. 이러한 의미에서 로컬과 브랜딩은 하나의 소비자들에게 매혹적인 단어로 인식된다. 이를 바탕으로 한 지역 브랜드는 차별화 전략이 될 수도 있다.

예를 들면 책을 주문하면 제작하기까지 9개월이 걸리는 출판사가 있다. 남인도 첸다이에 위치한 곳으로, 폐직물이나 헌 옷으로 종이를 만들고 실크스크린으로 인쇄하여 직접 손으로 꿰매서 만드는 방식으로 20년 동안 아이들의 책을 만들고 있는 작은 독립출판사 '타라북스'이다. 이 작은 브랜드에 전 세계가 열광하는 이유는 매출의 크기보다 그들의 가치를 높이 평가하기 때문이다. 타라북스는 "우리는 작게 존재한다"라는 출판사의 철학에 동의하는 사람들에게 가치소비의 방법과 작은 브랜드의 소중함을 알리며, 지역에서 성장하고 있는 대표적인 브랜드이다. 이러한 브랜드들은 대부분 지역의 골목 한편에 자리 잡고 있다. 그리고 마침내 도시의 다양성을 추구하는 사람들의 요구와 함께 로컬 브랜드가 조금씩 관심받으며 도시에서 찾고 즐기고 때로는 발견하며 공유하는 대상이 된다. 지역은 거리와 시간상으로 더 이상 먼 개념이 아니다. 온라인의 발달로 전 세계 어느 곳으로든 연결되는 힘이 더해지면서 지역 브랜드들의 노출이 가능한 세상이 되었다.

국내개념

한국에서 로컬 브랜딩이라는 용어가 출현한 계기는 지역 활성화라는 개념보다 소멸이라는 위기의식이 대두되면서부터이다. '우리 동네, 우리 지역이 살아남을 수 있을 것인가.' 이런 생존 문제에 대한 고민과 그 대응 방법으로 로컬 브랜딩은 나타났다. 여기에는 하나의 전제가 있다. 기존 정주 인구보다는 생활 인구를 통해 활동력을 높여 대안을 찾는다는 점이다. 이러한 활동력은 일반적인 행정구역의 탈피로 이어지는데, 지역은 다양한 결합 방법 등으로 변화하며 지속성을 찾게 된다. 로컬과 브랜딩이라는 단어를 각각 살펴보면, 로컬은 수도권과 대비되는 그 외의 지역으로 흔히 지방, 지역을 말한다. 일반적으로 느껴지는 뉘앙스는 지역 자원의 원류를 찾아보지 않아도 본래 가지고 있었고, 더 이상 새로울 것이 없어 보이지만 원주민이 많지 않아 관리 운영이 힘든 장소가 많을 것이다. 브랜딩은 이러한 지역을 수도권보다 오히려 기회와 가능성이 많은, 긍정적인 장소로 보고 자원과 문화 그리고 커뮤니티까지 확장하여 이미지를 만들어 나가는 것을 의미하고 있는 듯하다.

로컬 브랜딩은 바로 이런 선순환적인 움직임을 유발한다. 즉, 지역 정체성을 기반으로 다양한 지역의 자원을 활용한 지역 고유의 이미지를 만들어 가는 전략으로 지역을 재발견하는 방식을 추구하고 있다. 2022년 행안부에서 발행한 「로컬 브랜딩 마스터플랜 길라잡이」를 살펴보면 로컬 브랜딩을 위해서는 지역의 라이프스타일에 기반을 둔 계획을 수립하고 주민 참여를 유도하여 공동체성과 다양성을 포용해야 한다는 점을 강조한다. 특히 거주민과 생활 인구를 하나의 공동체로 만들어 가는 과정과 로컬 프로바이더로 성장할 수 있는 창의성 기반의 참여자들이 함께 계획을 수립하고 핵심과제를 추진해 나가도록 제안한다. 이러한 과정에서 시간과 조건 그리고 지속적인 참여자의 역할, 무엇보다 커뮤니티를 중심으로 어떻게 지속적인 활동 영역을 만들어 가느냐가 중요한 포인트다. 그럼에도 지역자원의 정주 여건, 일자리, 차별적 인프라와 연관된 30개 탐색 지표와 구성 방법만 다를 뿐 기존의 도시재생, 마을 만들기와 차별점을 찾기는 쉽지 않다. 그럼에도 불구하고 이러한 움직임의 중심에는 사람이 있으며 우리는 그 사람들을 바로 로컬 크리에이터라고 칭한다.

로컬 크리에이터의 움직임

로컬 크리에이터는 '지역의 자연환경, 문화적 자산을 소재로 창의성과 혁신을 통해 사업적 가치를 창출하는 창업가'로 정의된다. 그들은 지역 고유의 특성과 자원을 기반으로 혁신적인 아이디어를 접목하여 지역 경제 활성화에 기여하는 사람으로, 지역의 유·무형자원(역사 전통, 문화 예술, 자연 생태, 생활문화, 지역 특산물 등)을 기반으로 창의적인 아이디어를 내고 활동하는 이들을 의미한다.

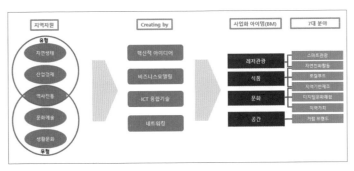

[그림 1] 2024년 로컬 크리에이터 정의 및 분류 (2024로컬 크리에이터 공모문 참조)

로컬 크리에이터의 등장에는 2010년대 홍대 거리, 가로수길, 경리단길 등을 시작으로 전국으로 확산된 '○리단길'과 같이 개성 있는 골목길이 등장하고 이것이 골목 여행으로 연결되면서 활동 무대와 사람이 어우러지는 골목이 재탄생했다는 배경이 있다. 초기에는 취향을 공유하는 이들의 작은 모임으로 축제와 거리로 확산하는 과정을 통해 골목길이나 공동화된 지방 도시의 원도심에서 특색 있는 공간과 점포, 공방 등을 운영하는 사람들이 주목받았다. 연세대 국제대학원 모종린 교수가 자신의 저서『골목길 자본론』을 통해 이들을 "지역에서 활동하는 창의적 소상공인", "골목 상권 등 지역 시장에서 지역자원, 문화, 커뮤니티를 연결해 새로운 가치를 창출하는 창의적 소상공인"이라 정리하면서 '로컬 크리에이터'라는 신조어가 등장했다.

이를 기반으로 지금은 문화, 라이프스타일, 경제적 생태계를 향유하는 사람들을 바로 로컬 크리에이터들이라 칭한다. 이러한 실천가들의 활동이 가능하게 된 계기는 가치 지향적 소비와 소비를 통한 질 높은 삶, 문화적 체험, 정체성, 사회정의 추구, 친환경 상품과 유기농 먹거리의 대중화, 공유경제의 일상화 등의 공감대가 형성되었기 때문이다. 서울 지향성이 아닌 지역에서는 더욱이 협업이라는 키워드가 중요해지고, 이를 통해 공간적 풍요로움이 커짐을 아는 이들이 활동에 참여하는 것이다. 지역에서 라이프스타일로 구축되는 과정에서 공간을 중심으로 활동 영역이 확장됨에 따라 로컬 크리에이터의 움직임이 더욱 집중되고 있는 듯하다. 결국 이러한 활동들은 기존의 커뮤니티로서 지역을 아우르는 것에서 사업 아이템으로 연결되고, 지역을 연결하는 역할이 첨가되면서 주민으로서의 지속성을 넘어 사업화 모델로서의 지속성으로 연결된다. 최근 들어 로컬 크리에이터가 직업군으로 분류되면서 이들은 개별 활동력과 더불어 협력적 모델로서의 활동력을 높이고 있다.

우리 동네 작은 브랜딩부터 시작

로컬 브랜딩을, 지역 커뮤니티 중심의 라이프스타일 구축이라는 거창한 말보다 우리 동네, 골목 장소의 스토리를 담고 나눈다는 의미로 다시 생각했으면 한다. 그 대상이 주민 이외에 창업자, 방문객, 마니아 등으로 확장하고, 브랜드의 대표성만 부각하는 것보다는 다양한 요소로 확장하고 기존에 가지고 있던 부분을 업그레이드하는 의미가 좀 더 로컬 브랜딩에 맞는 듯하다. 지역자원 또한 역사, 문화 예술적인 자원을 활용하기보다는 지역마다 가지고 있는 고유의 생활과 공간문화에 초점이 맞춰져 있기 때문이다. 예를 들어 부산의 사상을 이야기해 보자면, 사상은 공단, 국제상사, 고무공장, 제조 등 산업사에 개념으로 인식되는 것이 일반적이다. 하지만 사상 생활사박물관의 콘텐츠만 살펴보더라도 깔밭, 샛강, 재첩국, 딸기, 카네이션, 부추, 나이키, 코르덴 바지 등 확연하게 다른 사상의 키워드를 찾을 수 있다. 이는 문헌적 기록에서는 볼 수 없는 생활문화 기반에서 찾을 수 있는 사상만의 이야기들을 담고 있다. 이러한 자원들은 지역을 직접 방문해야 획득할 수 있는 자원들로, 이를 제품, 공간, 관광 등을 콘텐츠화 하는 방식으로 로컬 브랜딩을 만들어가야 한다.

결국, 로컬 브랜딩은 무엇보다 우리 동네 작은 스토리를 발굴하여 브랜드화하는 것에 주목해야 한다. 이것이 가장 차별화된 지역성을 만들어낼 수 있는 방법이고, 이를 기반으로 지역과 지역을 연결하는 매개물로서의 자원들이 존재할 수 있다. 이 중요한 자원 발굴은 무엇보다 사람에서부터 시작해야만 한다. 그런 의미에서 로컬 브랜딩의 아카이빙부터 프로그램과 콘텐츠까지 점진적인 확장을 위해서는, 보편적 정보로 지역을 찾는 방식이 아닌 현장을 누구보다 잘 아는 필드워 방식으로 진행되어야 한다. 여전히 사상은 날라리집, 다방, 딸기밭, 장어까지 지역의 스토리를 기반으로 다양한 활동이 이루어지고 있으며 이것이 바로 로컬에서 차별화된 무기가 될 수 있다.

예를 들어보자. 부산 영도는 섬이다. 하지만 지금은 크리에이터들의 성지, 커피 투어 장소, 한국의 산토리니라는 흰여울문화마을 등의 새로운 모습으로 탈바꿈하고 있다. 이러한 부분의 시작을 알리는 것이 바로 지역에서 발생한 다양한 활동 때문이라 생각한다.

대표적인 사례 중 하나는 바로 대통전수방 사업이다. 대통전수방은 지역의 스토리를 반영한, 창업과 일자리에 초점을 맞춰 진행된 사업이었다. 2015년 계획서를 쓸 당시 중심시가지형은 낯선 사업이라 어디에 초점을 둬야 할지 막막하기만 했다. 책상머리에서 골머리 썩는 것보다 밖을 나가보는 게 나을 듯해 봉래동을 서성거렸다. 한 골목에 들어서니 사람들이 줄을 서 있는 모습이 눈에 들어왔다. 어묵을 구매하기 위해 서 있는 줄이었다. '이 동네에 이런 어묵 가게만 있나?'라는 궁금증을 안고 동네 골목을 다니니 '60년 전통'이라는 단어가 눈에 들어왔다. 60년, 바로 피란시절에 생긴 가게들이었다. 어묵뿐만 아니라 두부, 칼, 양복점들이 보였다. 노포 사장님들을 만나 직접 이야기를 듣다 보니, 전수방이라는 전통 산업군 중에 가내수공업을 바탕으로 진행되는 교육과 창업을 연결하는 아이디어가 나왔다. 그렇게 역사문화 자원 중 보이는 것만 찾아다니던 시야에서 벗어나 무형 자산의 가치에 대한 부분에 초점을 맞추게 되었다. 이것이 "사람과 기술 그리고 지역을 이어주다"라는 대통전수방 슬로건의 시작이 되었다. 그렇게 운수대통의 대통과 전통제조기술과 새로운 전수자를 연결하는 장소를 의미하는 전수방을 합쳐 대통전수방이 탄생하게 되었다. 그중 로컬 브랜딩으로 귀결되는 사업이 바로 전수방과 M마켓 그리고 르봉브랜딩 학교이다. 전수방은 지역의 가내수공업으로 귀결되는 상품들 중에 가장 일반적이고 대중적인 스토리를 가지고 있는 어묵, 캐러멜, 두부를 매개로 새로운 세대들에게 기술을 전수하는 방식으로 진행되었으며, 지역 스토리가 되는 생활자원이 새로운 창업과도 연결될 수 있음을 확인해 주었다. 담당 선생님은 3대가 가업을 이어서 어묵 제조업을 해온 삼진어묵과 60년째 시장에서 두부를 만들어 온 성실두부의 식품 제조 방법을 청년들에게 전수했다. 단순한 제조 방법만으로는 성공적인 창업으로 이어질 수 없으니, 창업의 기초부터 가게 운영 방법까지 탄탄하게 강사를 매칭 하는 프로그램을 만들었다. 특히 두부 제조에 관해서는 비건 창업과 전통 두부 창업을 분리하여 전수자들의 선택할 수 있도록 과목을 개설해서, 창업 아이템으로 손색이 없다는 것을 확인해 주었다. 봉래시장 한 편에 잡은 '아르프'라는 비건 레스토랑과 사회경제적 프랜차이즈 '와로 샐러드'라는 브랜드가 이 사업을 통해 확장되고 있다. 버려진 장소의 재발견으로 주목받는 M마켓은 로컬 프리마켓으로, 창고군 지붕의 모양에서 M을 따왔다. 마켓이 열리는 날은 그야말로 축제다. 셀러들이 한자리에 모이고 버스킹 공연으로 떠들썩한 분위기가 만들어진다. 한쪽에는 푸드 트럭이 맛있는 냄새를 풍기며 사람들을 유혹하고 아이들은 잡화점을 직접 운영하고 바닥에 분필로 그림을 그리며 신나게 뛰어다닌다. 계절과 시기에 맞춰 다양한 주제로 열려 즐길 거리가 많다는 것도 M마켓의 매력 중 하나다. 지난해 8월에는 더운 낮을 피한 저녁 무렵에 마켓이 열려 야시장 분위기가 물씬 풍겼다. 푸른 조명이 더해진 창고군에서는 프리마켓뿐만 아니라, 다른 예술 축제 팀과의 협업을 이뤄 활기 가득한 한여름 밤을 연출했다. 11월의 M마켓은 '파머스 마켓(farmers market)'으로, 작물을 키워낸 농부들과 직접 이야기하며 물건을 구매할 수 있다. 방문객만 15,000명 이상이 되니 M마켓은 모든 주민이 만나는 장소이고 축제가 된 셈이다.

이제 많은 사람들은 M마켓을 단순한 프리마켓이 아닌 로컬 특유의 분위기를 느낄 수 있는 축제로 여긴다. 영도 안에서 일을 계획하고 물건을 팔던 사람들이 영도 바깥사람들을 만나는가 하면, 영도가 아닌 곳에서 일하는 사람들 역시 영도 사람들을 만나고 마켓을 통해 소통하며, 영도의 경계를 희미하게 만들고 있다. 이제는 이러한 거점시설을 중심으로 커피 거리와 커피 복합문화공간 그리고 다양한 콘텐츠로 채워지는 장소로 탈바꿈한 것 등이 바로 M마켓을 기반으로 장소를 형성하는 사례라 볼 수 있다. 모모스커피, 무명일기, 원지, 끄띠 등에도 관심을 보이는 사람들이 계속해서 나타나면서 자연스러운 지속성을 가지게 되었다.

결국 로컬 브랜딩은 단순한 제품과 공간을 의미하기보다는 장소를 기반으로 한 다양한 활동력을 강화하고 시간을 필요로 하는 작업이다. 지역자원 활용과 더불어 지속가능한 시간에 대한 공감대가 형성되어야 장소로서 탈바꿈할 수 있다. 이렇듯 로컬 브랜딩은 지역의 장소성을 어떻게 보여줄 것인가에 대한 콘텐츠 정립이 중요하며, 이를 위해 지역적 아카이브가 선행되어야 지역성을 좀 더 구체적인 기획으로 변모시킬 수 있다. 바로 이러한 점이 차별화 전략이고 지역에서 활동하는 크리에이터들의 무기인 것이다. 이러한 콘텐츠를 구축함에 있어 우리는 영도의 다양한 자원들을 찾는 아키비스트의 역할을 수행했다. 건축, 역사, 문화, 생활, 공간 등 다양한 키워드로 영도라는 지역을 찾아나가며, 외부의 자본이나 마케팅을 하는 사람들이 흉내 내지 못하는 부분까지 가능하게 할 수 있는 힘을 아카이빙에서 찾았다. 이 또한 사람이 중심이 되어 구축했으며 이는 생활자원과 공간문화에 집중하여 다양한 브랜딩 활동으로 이어질 수 있었다.

로컬 브랜딩 in 부산

부산은 풍부한 지역자원을 가지고 있다. 항만, 근·현대자원을 기반으로 가능한 원도심 지역, 역동적인 바닷속 원물과 레저가 결합된 동부산권, 그리고 낙동강 중심의 자연경관, 대지와 농업자원이 풍부한 서부산권 등 사실 하나의 키워드로 명명하기 힘든 자원들이 권역별로 구성되어 있는 장소가 부산이다. 더 세밀하게 들어가 장소기반으로 아카이빙이 이뤄진 자료를 살펴보면 더 많은 자원들을 연결할 수 있을 것이다. 그래서 부산의 로컬 브랜딩은 특히 사람, 장소 그리고 문화를 중심으로 형성되었으면 한다.

이러한 키워드 동네마다 로컬 크리에이터들은 이미 활동하고 있다. 대표적인 사례가 부산 망미동 골목이다. 이곳에 있는 '비온후 책방'을 중심으로 로컬 브랜딩이 진행되고 있다. 2018년부터 망미동에 정착해 전시 공간 '보다'와 비온후 책방을 운영하면서 책과 예술 그리고 일상생활 속에서 다양한 소통 창구 역할을 하고 있다. 3평 남짓한 갤러리 공간은 지역작가들에게 전시 기회를 줄 수 있는 장소이고 북토크 등을 진행하며 책방이 아닌 복합문화공간의 역할도 한다.

망미동 골목에는 1인 소상공인들인 많아, 커뮤니티 형성이 쉽지 않다. 그래서 책을 매개로 잡지, 오브제를 활용하고, 프로그램을 운영할 때는 이웃과 만날 수 있는 시간을 고려해서 아침이나 늦은 저녁 시간을 이용하고 있다. 특히 아침이면 책 읽는 모임과 책과 연계한 다양한 활동을 펼치고 있어 작은 서점에는 사람들의 발길이 끊이지 않는다. 자연스럽게 거점 공간으로 접근할 수 있는 것만으로도 지역성을 찾아낼 수 있는 것이다.

골목상권을 중심으로 활발하게 활동하는 연동골목 상인들도 빼놓을 수 없다. 2023년 10월, 상인들이 모여 '연동되는 상회'라는 팝업을 2주간 운영했는데, 이때 지역주민들이 손수 글씨를 쓰고 공간디자인을 해서 골목의 공방과 연계한 체험 프로그램과 강연, 고분군 투어 프로그램까지 운영했다. 이후로도 작은 동네 사랑방처럼 상시적인 팝업 스토어를 운영할 계획을 세우고 있다. 주변의 작은 역사적 장소와 연결하고 공방을 연결하는 공동체 역할을 지속적으로 수행하는 것이다. 이를 통해 지역의 자원을 연결하고 자원과 함께 상인들이 골목을 브랜딩함으로써 방문객이 찾아오는 골목으로 변모하고 있다.

　마지막으로 문화적으로 접근한 미래의 식탁프로젝트 또한 로컬 브랜딩의 한 축이 될 만한 활동이다. 미래의 식탁은 음식을 주제로 연극, 음악, 퍼포먼스가 결합된 프로젝트이다. 이는 로컬푸드와 식재료를 중심으로 기획된 것으로, 지역의 로컬푸드 그룹인 오붓한, 나유타 부엌, 라이스 케이터링이 함께 협업하여 진행한 작업이다. 일반 참여자들과 함께 퍼포먼스를 구성하고, 잘 알려지지 않은 지역 토종쌀 품종인 주나미를 기반으로 지역의 농부와 작물을 연결하는 작업도 한다. 기후환경과 연극적 요소 그리고 음식이라는 주요한 과제를 기반으로 다양한 콜라보를 통해 지역을 연결하고 있다.

　이러한 거점별 커뮤니티들은 다시 다양한 협업을 통해 각자의 키워드를 찾아가고 있다. 지역마다 공간마다 너무나 다른 특성들을 가지고 있으므로 다른 곳에서는 유사하게 프로그램을 만들어 내기 힘든 것들이 대부분이다. 모우자라는 로컬브랜드 커뮤니티는 키워드를 대표적으로 노출하는 프로젝트로, 여기서 모우자는 지역에서 자신만의 브랜딩을 운영하는 대표들이 모여 만든 자발적 커뮤니티이다. 지역 브랜드를 가지고 있는 대표들은 자신들만의 다양성으로 만들어 나가는 데 있어 한 번쯤은 한계를 경험했기 때문에 정보교류와 협업에 목말라 있다. 이를 위해 서로의 협력과 확장성을 위해 누구보다 사람이 필요하다는 것을 알고 있다. 모우자는 이러한 협력을 위한 모임에서 팝업, 이벤트 그리고 지역과의 콜라보를 위한 또 다른 로컬 크리에이터들의 협력 모델이다. 그럼에도 여전히 문제점도 가지고 있다. 새로운 세대의 유입에 따른 갈등, 경제적 활동을 통한 수익화 모델, 네크워크를 통한 활동 영역의 확장 등 여전히 마케팅적 요소로서 문제들을 해결하기 위한 고민들은 존재한다.

다시 사람에 집중하는 지역 브랜딩

이렇듯 로컬 브랜딩은 지역자원을 연결하는 방법을 자세히 보면, 사람을 중심으로 하는 것과 공통된 방법으로 공감대를 형성한다는 두 가지가 병행되어야 한다. 그래서 더욱 사람이 중요하다. 공주에서 '고마다락'이라는 작은 가게를 운영하는 대표님을 만난 적이 있다. 그분은 책도 팔고 프로그램을 위한 공간 임대를 하는 방식으로 공주에 입성했는데, 커피를 마시고 책을 보는 고객들만으로 수익을 올리기에는 힘들었다고 한다. 그런데 고객들과 몇 년씩 친분을 쌓고 하는 일들을 공유하다 보니 새우, 공주밤 등을 파는 커뮤니티가 형성되고, 홍보마케팅 비용을 받는 형식으로 수익을 창출하고 있다고 했다. 결국 사람과의 사귐이 비즈니스가 된 것이다. 한편으로는 건물을 통해 부동산 자산까지 높이고 있으며 공주를 넘어 부산, 오사카까지 고객들의 활동을 비즈니스로 연결한다고도 했다. 결국 이러한 사업 전반에는 지역이라는 특성이 중요한 역할을 한다. 이야기를 나누는 과정에서 협력이 만들어지고 스토리와 기획하는 과정이 이루어지다 보니 당연히 시간이 걸릴 수밖에 없다. 그럼에도 이러한 방식이 중요한 것은 한번 맺은 고객층이 굳건한 팬심으로 지역의 소비를 이끌고 있기 때문이다. 그래서 초기 시간 투자가 길더라도 계속해서 노출되어 고정수익이 이루어지는 부분은 오히려 지속성을 담보할 수 있다.

　로컬 브랜딩은 결국 자신의 취향을 공유할 수도 있고 서로의 이야기로 만들어 낼 수 있으며 공간으로 연결될 수도 있는 변형이 가능한 모델이다. 더욱이 지역자원이 풍부한 부산이라면 이러한 활동력을 가지고 있는 사람이 브랜딩의 중심이 되어야만 하지 않을까? 거기에는 생활인구라는 개념보다는 누구나 주제에 따라 참여 가능한 커뮤니티를 중심으로 확장되었으면 한다. 이를 기반으로 지역자원과 장소 그리고 스토리를 기반으로 지역의 장점을 찾아 이미지를 만들어갔으면 한다. 그러면 자연스럽게 지역의 눈높이와 일자리, 정주 여건, 관광, 콘텐츠까지 다양하게 확장되고 나아가 지역과 지역까지 연결될 수 있을 것이다.

브랜딩을 만들기 위해서는 오랜 시간이 필요하다.

지금도 무수히 많은 브랜드가 탄생하고 소멸한다. 경험상 3년 이상 브랜드를 알리지 않으면 소비자는 인식조차 하지 못하는 경우가 많다. 여전히 성수동 같은 힙한 공간에서도 무수히 많은 브랜드들이 노출되고 소멸되며 시간 싸움을 하고 있다. 그럼에도 지역은 느림의 시간을 감내하면서 브랜딩 활동을 한다. 지역의 매력은 이럴 때 조급해하지 않고, 기다려 줄 수 있는 여유가 있다는 것이다. 서로를 응원하면서 협력하는 모델들이 발견되고 지속된다면 더욱 빛을 내지 않을까.

지역 커뮤니티 플랫폼에서 등장하는 "혹시 당근하세요"라는 슬로건처럼 "혹시 로컬하세요"라고 표현하면서 사람을 연결하는 로컬 브랜딩이 되었으면 한다. 이를 통해 작은 브랜드들이 지역에 살아남고, 지역 활동가로서 사업가로서 지속적인 역할을 해나갔으면 한다.

오! 부산

유산으로 본 부산의 미래

글로벌 허브도시 부산의
미래 첨단산업

서용철
부산과학기술고등교육진흥원(BISTEP) 원장

국립부경대학교 토목공학과 교수이자, 공공기관인 부산과학기술고등교육진흥원(BISTEP)의 원장으로 재직하고 있다. BISTEP에서 부산의 과학기술 정책 수립과 연구개발(R&D) 육성, 그리고 대학재정지원사업을 총괄하며 지역사회 발전에 중추적인 역할을 수행하고 있다.

성균관대학교에서 학사 및 석사 학위를 취득한 후, 일본 문부성 국비장학생으로 선발되어 도쿄대학교에서 위성측위학 전공으로 박사 학위를 받았다. 제4대 대한공간정보학회 회장과 21C미래포럼 회장을 역임하며, 학계와 산업계에서 폭넓은 활동은 물론 공공기관의 수장으로서 부산의 과학기술 발전과 고등교육 진흥을 위한 정책적 리더십을 발휘하고 있다.

글로벌 허브도시 부산의
미래 첨단산업

서용철
부산과학기술고등교육진흥원(BISTEP) 원장

　부산은 매력적인 도시로 세계적인 주목을 받고 있다. 한국기업평판연구소의 '도시브랜드 평가'와 국회미래연구원이 발표한 '시민행복지수'에서 1위를 차지한 바 있으며, 내셔널지오그래픽은 '2023년 숨이 막히도록 멋진 여행지와 체험장소 25곳'에 부산을 선정해 부산의 글로벌 경쟁력을 확인했다. 민선 8기 부산시는 '다시 태어나도 살고 싶은 부산'을 시정의 새로운 가치로 삼고 글로벌 허브도시와 시민행복도시를 실현하기 위해 많은 노력을 기울이고 있다.

　이러한 도시 이미지의 구축은 부산의 미래 성장을 더욱 견고하게 하는 중요한 요소 중 하나이다. 그러나 부산이 당면한 과제들도 적지 않다. 날로 심각해지는 저출생·고령화 현상에 의한 지역소멸, 양질의 일자리 부족, 교육·문화 향유 기회 격차로 인한 청년인재의 수도권 유출, 수도권 일극체제

사회구조 등은 앞으로 풀어나가야 할 큰 과제이다.

이를 극복하고 부산의 미래 성장을 이끌어나가기 위해서는 첨단산업이 중요한 역할을 할 것이다. 부산의 첨단산업은 이차전지 산업을 포함하여 다양한 분야에서 발전하고 있다. 이러한 첨단산업의 성장을 통해 부산은 경제적으로 더욱 강력해지며, 고령화 문제나 일자리 부족 등의 과제를 해결할 수 있는 기회를 얻을 수 있을 것이다.

이 글에서는 부산의 산업과 경제 성장의 과거를 돌아보고, 이를 바탕으로 최근 급성장한 도시브랜드를 대한민국 미래 성장의 큰 추동력으로 삼기 위해서는 어떤 전략이 필요한 것인지. 그 해답을 부산의 미래 첨단산업에서 찾고자 한다.

해방 후 부산의 도전과 성장

부산의 역사는 다른 도시에 비해 길지 않지만, 그 안에는 독특한 경제적 발전과 변화의 흐름이 담겨 있다. 1876년 개항으로 외국에 문호를 개방한 후, 부산은 일본과 가장 가까워 일본인의 이주가 가장 먼저 이루어지면서 성장을 시작했다. 이는 곧 일본 세력의 영향 아래 부산이 경제적 중심지로 발전하는 계기가 되었으며, 일본 정부도 부산을 대륙 침략의 교두보로 이용했다.

특히 1930년대 후반, 일본과의 전쟁 수행을 위해 부산에 많은 자본이 투자되었다. 부산은 면직물과 도정업을 중심으로 한 산업의 중심지로 발전했다. 그러나 해방 직전, 부산의 경제는 일본인 소유의 기업이 주를 이뤘으며 부산의 인구 중 약 18.6%가 일본인이었고, 일제 강점기 말 부산 소재 제조업체의 80% 가까이가 일본인 소유였다. 이런 상황 속에서 부산은 전쟁 수행을 위한 생산 기지로서 기계와 금속, 그리고 조선 공장이 건설되었다. 태평양 전쟁에서 일본이 패망함에 따라 한국은 오랜 기간의 식민지에서 벗어나 독립을 하게 되고, 동시에 한국에 와서 살고 있었던 일본인들이 서둘러 한국을 떠나기 시작했다, 부산에서는 이들의 재산을 직간접적으로 귀속 받아 성장한 기업들이 많았다. 대표적으로 당시 일본인들이 남긴 귀속 사업체 가운데 가장 규모가 컸던 기업이 조선방직과 조선중공업이다.

그러나 이후 일본과의 교역이 중단되면서 부산은 원료 부족으로 인한 심각한 경제적 혼란에 직면했고, 이러한 상황은 역으로 지역 내에서의 생산 활동들을 자극하는 계기가 되기도 했다. 특히 신발업은 낮은 기술로도 설립이 가능한 업종이었기 때문에 많은 기업들이 설립되었다. 해방 후 새로 설립된 기업들도 크게 성장하기 시작하면서 부산의 새로운 발전을 모색할 수 있었다. 당시 경제적 혼란을 극복하고 신산업을 육성하는 과정에서 다양한 산업이 부상했는데 특히 신발업을 중심으로 한 산업이 두드러졌다. 이는 부산의 경제적 탈출과 발전을 위해 중요한 움직임으로 평가되고 있다.

6·25 한국전쟁과 임시 수도로서 부산의 역할

6·25 한국전쟁은 한국의 경제적 변화를 맞이하는 중대한 계기가 되었다. 특히 부산은 한국전쟁에서 피해를 입지 않은 유일한 도시로서, 한국의 임시 수도 역할을 하며 경제적 중심지로 부상했다. 이에 따라 부산은 인구 증가와 자본 유입으로 빠르게 성장했다. 이러한 환경은 부산을 공업화의 중심지로 만들었다.

해방 당시 28만 명이었던 부산의 인구는 1949년에 47만 명으로 늘어났고, 휴전이 되고 2년이 지난 1955년에 부산은 인구 1백만 명이 넘는 도시가 되었다. 해방 후 10년 사이에 인구가 거의 4배로 늘어나게 된 것이었다. 도시 계획보다 먼저 늘어나는 인구 때문에 도시가 기형적으로 성장했지만, 반면 풍부한 노동력은 공업 투자의 좋은 유인이 되었다.

이러한 배경을 바탕으로 부산의 경제적 성장을 이끈 요인 중 또 다른 하나는 동천 주변에 형성된 기업들의 집중이다. 해방 이후 새로운 입지를 필요로 했던 기업들은 동천 주변에 자리를 잡았다. 지형적, 물류적 유리한 여건에 기업들이 모여들었고, LG와 삼성 같은 대기업의 모태가 되기도 했다. 그러나 이후 도시화의 확산과 함께 동천 주변의 기업들은 타지역으로 이전하게 되는 반면 서면은 부산의 경제적 도시 중심지로 부상하게 되었다. 부산항도 그 중요성이 증대되어 한국 제일의 무역항으로 당시 교역품의 70%를 전후한 물동량을 처리하였다. 6·25 한국전쟁을 통해 부산은 한국의 경제적 성장과 변화를 이끄는 중심 역할을 하였다. 임시 수도로서의 역할과 동천 주변의 기업 집중은 부산의 경제적 발전을 촉진시켰으며, 이러한 변화는 한국의 공업화와 경제 성장에 중요한 역할을 하게 된다.

부산의 경제 성장과 억제

부산의 경제 성장과 성장 억제에 관한 내용을 종합적으로 살펴보면, 1960년대와 1970년대 초기에는 부산이 한국 경제의 주요 성장 동력이었으며 수출 주도형 경제 모델을 구축하고 발전시켰다. 섬유, 합판, 신발 산업을 중심으로 성장하며 전국의 수출에서 상당한 비중을 차지했다. 그러나 1970년대 중반 이후, 부산은 성장 억제 정책에 직면하게 된다. 정부는 대도시인 서울과 함께 부산을 성장 억제 도시로 지정하고, 산업 구조조정과 인구 조절을 위해 다양한 규제를 시행했다. 이로 인해 부산의 산업 업종 이전과 경제 성장 속도가 둔화되었다. 부산의 공간적 한계와 규제로 인해 기업들은 주로 부산 근교나 다른 지역으로 이전하게 된다.

또한, 부산에 본거지를 둔 대기업들의 해체 역시 부산 경제에 부정적인 영향을 미쳤다. 동명그룹, 국제그룹 등 부산을 대표하는 대기업들이 해체되면서 부산의 경제 중심 기능이 약화되었고, 부산에 본사를 둔 재벌 그룹의 몰락은 제2 도시 부산의 위상도 함께 약화시켰다.

부산의 경제 성장 억제와 연계된 주택 가격 상승과 인구 이동도 중요한 부정적 요인 중 하나였다. 부산의 성장으로 주택 가격이 상승하였고, 대도시로의 인구 이동이 활발해지면서 기업들은 더 넓은 토지를 찾기 위해 부산을 떠나기 시작했다. 이런 과정을 통해 부산은 경제적으로는 중요한 역할을 했지만, 성장 억제와 해체된 대기업들의 영향으로 경제적 어려움을 겪게 된다.

부산의 산업 구조 변화와 경제 혁신

부산은 한때 번영한 경제의 중심지로 손꼽히던 도시였다. 그러나 1970년대 후반부터 경제적인 어려움이 시작된다. 제조업 부문에서의 쇠퇴가 그 원인 중 하나였다. 특히 중화학공업화에 대한 대응이 미흡했고, 이로 인해 부산은 새로운 산업의 발굴과 수용을 소홀히 한 것이 원인이었다. 더욱이 공업 용지 부족으로 많은 기업들이 부산을 떠나면서 경제의 쇠퇴는 더욱 가속화되었다. 반면 부산은 신발 산업의 성장으로 일부 위기를 극복했다. 신발 산업은 1980년대 후반에서 1990년대 초반에는 부산 경제의 중요한 부문 중 하나로 부상했다. 그러나 이는 임시적인 것으로, 1990년대 초에는 갑작스런 신발 기업의 도산으로 경제는 다시 위기에 봉착했다.

1990년대에는 수도권 집중화와 함께 서해안 시대가 개막되었다. 이로 인해 부산의 중요성이 퇴색되고, 중국과의 무역 증가로 인해 경제는 더욱 어려워졌다. 이러한 변화는 부산의 산업 구조와 경제에 큰 영향을 미쳤다.

1990년대 말부터는 부산이 산업 구조의 혁신을 위해 노력하기 시작했다. 전략적으로 항만 물류, 기계 부품, 관광 컨벤션, 영상 및 IT 산업 등을 육성하고자 노력했다. 이러한 노력은 부산의 경제를 다각화하고 새로운 성장 동력을 찾기 위한 것이었으며, 산업 용지 부족 문제에 대한 대응책으로도 강서구와 기장군에 산업 단지를 조성하는 등의 노력을 기울였다. 이러한 노력은 부산의 경제 발전을 촉진하는 데 중요한 역할을 하였다.

부산 경제의 하락과 인구 유출

부산의 경제는 1970년대 후반부터 상대적 쇠퇴를 겪어왔으며, 이로 인해 약 40여 년간의 발전 동력 회복에 실패했다. 특히 부산의 총체적 비율을 나타내는 지역 내 총생산은 1980년대의 7%에서 1990년대에는 6%, 2000년대에는 5%대로 하락했다. 제조업 비율 역시 1990년대 말에는 전국 대비 8%였던 것이 3%까지 하락하며 침체를 겪었다.

이러한 경제적 하락은 수출 비율에서도 극적으로 나타났다. 1972년의 29.2%에서 시작한 수출 비율은 2011년에는 2.62%로 급격하게 감소했다. 이는 부산이 국제 경쟁력을 갖춘 산업을 부족하게 갖고 있다는 것을 시사하며, 이에 따라 부산 제조업의 침체를 보여주는 것이기도 하다.

또한, 부산은 대기업이 부족한 도시로서 1993년에는 대기업 수가 77개로 줄어들었으며, 1999년에는 37개로 더욱 감소했다. 이는 부산 경제의 활력을 현저히 감소시키고 침체의 원인이 되었다. 여기에 더해, 불행히도, 부산은 충분한 일자리를 제공하지 못했다.

일자리를 충분히 만들어 내지 못하면 결국 젊은 층들이 부산을 떠나게 된다. 그 결과 전국에서 부산은 고령화 인구 비율이 가장 높은 대도시이자 젊은 층 인구의 비율이 가장 낮은 대도시가 되었다. 이러한 사실은 역으로 다시 부산 경제의 활력을 떨어뜨리는 역할을 하고 있다. 새로운 산업이 필요로 하는 양질의 노동력을 공급하는 것을 저해하고 있기 때문이다.

고용률 또한 전국에서 최하위를 기록하며, 2004년부터 2010년까지는 취업자 수가 절대적으로 감소하는 등 일자리 창출에 큰 어려움을 겪었고, 지금까지도 인구의 순 전출과 인구 감소가 지속되고 있는 상황이다. 이는 새로운 성장 동력 산업의 부재와 산업 구조 조정의 실패로 인한 결과로 볼 수 있다.

글로벌 과학기술 허브도시로서의 부산의 미래

부산은 지속적인 산업 기술 혁신을 통해 미래를 준비하고 있으며 기술과 신산업의 발전이 중요한 과제로 대두되고 있다. 부산의 산업 기술은 현재 철강, 자동차, 조선 등의 전통적인 산업에서부터 미래 산업과 첨단 기술로 확장되고 있다. 이러한 변화는 부산의 경제 구조를 다변화하고 미래 산업 분야에서의 경쟁력을 확보하기 위한 것이다.

현재 세계 각국은 첨단 과학기술 분야에서 치열한 경쟁을 벌이고 있다. 우리 정부도 반도체·디스플레이, 이차전지, 첨단 모빌리티 등 12대 분야를 국가전략기술로 선정했다. 각 지자체도 시대적 메가트랜드를 선점하기 위한 과감한 도전을 시도한다. 이는 과학기술이 곧 지역의 경제력이자 경쟁력을 결정하는 시대에 진입했음을 의미한다.

부산은 현재 산업 및 경제의 침체를 극복하기 위해 전통 제조 및 서비스 산업에서 첨단산업으로 전환이 필요하다. 부산형 첨단산업 생태계를 구축해야 한다.

지금까지 부산은 양자컴퓨팅, 클라우드, 빅데이터 등 첨단 정보통신기술(ICT) 신산업 생태계 조성을 중점 추진해 오면서 대규모 기업 투자를 유치했고 지역 주력산업의 고도화, 연구개발(R&D) 생태계 조성과 함께 첨단 바이오헬스 산업, 해양데이터 기반산업 등 미래 신성장 산업을 육성해오고 있다. 그러나 '글로벌 과학기술 허브도시'로 도약하기 위해서는 지역의 강점을 최대한 발휘할 수 있는 분야에 집중적으로 지원하여 차별성과 우월성을 추구해야 한다.

따라서 부산은 전력반도체, 이차전지, 미래모빌리티, 블록체인, 디지털대전환과 같은 신산업을 획기적인 혁신력과 파급력을 갖춘 기폭제가 될 수 있는 대표적인 미래 산업으로 주목할 필요가 있다.

전력반도체

새로운 미래 먹거리 산업으로 떠오르는 전력반도체는 글로벌 시장 규모가 올해 70조 원에 이를 만큼 급격한 성장세를 보이고 있으며, 일반적인 시스템반도체에 비해 수익성이 10배 가까이 높은 고부가가치 산업이란 점에서 주목받는 분야이다.

전력반도체는 전자기기 안에서 전류의 방향과 세기를 조절해 주는 역할을 하는데 인간에게 비유하자면 근육과 같은 역할을 해주는 핵심부품이다. 스마트폰은 물론 모든 가전제품에 쓰이는 만큼 사용 범위가 넓고 수요 역시 나날이 높아진다. 또한 최근 열에 취약한 실리콘 소재의 약점을 극복한 실리콘카바이드(SiC)·질화갈륨(GaN) 등 화합물 소재 반도체인 차세대 전력반도체가 개발되면서 전기자동차를 비롯한 신재생에너지, 급속충전 시스템 등 고출력 전용 전력반도체로 사용됨에 따라 미래 유망 산업으로 크게 주목받는다.

부산시는 2016년 파워반도체 산업클러스터 조성 종합계획을 발표하고 반도체 생태계를 구축하고 있으며, 지난해 부산지역산업진흥계획 및 2050장기발전계획에 전력반도체 산업을 핵심사업으로 포함했다. 여기에 더해 지난해 7월 정부로부터 기장군 방사선의과학산단이 전력반도체 소부장 특화단지로 선정됐다. 전국에서 전력반도체만의 특화단지는 부산이 유일하다는 점에서 이는 큰 의미가 있으며, 전력반도체 생태계 구축 면에서 부산이 다른 지자체보다 큰 강점을 가졌다는 점을 정부가 인증하는 것이기도 하다.

부산시는 부산전력반도체 특화단지 추진단을 출범하고 기업의 공동 연구개발과 테스트베드 마련, 사업화 등을 돕고 단지 내 기업유치를 지원하여 향후 대한민국 미래를 이끄는 초격차 전력반도체 허브로 거듭날 수 있도록 역량을 집중하고 있다.

이차전지

이차전지 산업은 세계적인 탈탄소화 트렌드와 함께 급성장하고 있는 중요한 분야이다. 이차전지는 여러 번 사용할 수 있는 전지로, 핸드폰, 노트북에 들어 있는 배터리부터 내연기관 자동차에 설치된 납축전지까지 모두 이차전지의 일

종이다. 이차전지가 산업계에서 급성장하게 된 계기는 전기차 등장과 시기를 같이한다. 현재 글로벌 이차전지 시장은 매우 큰 규모를 자랑하며, 2030년까지 3517억 달러로 예상되며 더욱 성장할 것으로 예상된다.

이차전지 시장을 주도하는 나라는 한국, 중국, 일본이며, 이들 국가의 기업들이 시장의 95%를 차지하고 있으며 지난해 '글로벌 톱10 배터리 업체'는 모두 한·중·일 기업이었다. 사실상 전 세계 모든 배터리를 동아시아 3국이 생산하고 있다고 봐도 무방하다. 특히, 한국은 이차전지 산업에서 선도적인 역할을 하고 있으며, 정부는 이를 12대 국가전략기술로 선정하여 관련 산업을 지원하고 있으며 첨단전략산업 특화단지 4곳(충북 청주오창, 전북 새만금, 경북 포항, 울산)을 지정하여 관련분야의 기술발전을 적극 육성하고 있다.

한편, 부산은 이차전지 산업에서는 후발주자이지만, 최근에는 이를 적극적으로 육성하고 있다. 부산과 경남 지역에는 이미 많은 배터리 관련 기업이 집중돼 있으며, 이를 토대로 이차전지 산업을 특화시키고 있다. 최근 부산 향토기업인 금양이 동부산 이파크 일반산업단지에 이차전지 생산 공장을 건립하고 있으며 부산과 경남에는 76개의 배터리 연관 기업이 집적돼 있다. 이런 지리적 위치와 인프라는 부산의 이차전지 산업 육성에 큰 장점으로 작용하며, 인근 울산 경남과 연결하여 이차전지 산업을 특화할 수 있는 충분한 환경을 갖추고 있다. 현재 부산시는 지역 특성에 기반한 이차전지 산업 생태계 구축을 위한 전략 수립 및 투자 등을 적극적으로 추진 중에 있다.

차세대 해양모빌리티

차세대 해양모빌리티는 해양공간의 탈탄소화 및 디지털화 실현과 안전하고 효율적인 화물운송·이동을 위해 필요한 이동수단 및 서비스·기술 관련 산업을 뜻한다. 코로나 이후 무역 정상화와 국제해사기구(IMO) 환경규제 강화로 친환경 선박 시장이 꾸준히 성장하고 있으며, 국제적으로도 친환경 선박 시장 선점을 위한 국가계획 수립 및 기술개발·시범선박 운영 등 경쟁이 치열하다.

우리 정부도 '2030 한국형 친환경선박 추진전략' 및 '조선산업 초격차 확보 전략'을 통해 미래시장 선점을 위한 경쟁력 확보에 노력하고 있다. 특히 국내 컨테이너 물동량 1위, 세계 2위 환적항이자 세계 7위 컨테이너 항만인 부산항은 2030년까지 부산항 신항 내 친환경 해운 항만 모빌리티 생태계 구축 완성을 계획하고 있다.

또한 수소산업 관련 기업도 동남권에 약 24%가 집중돼 있고, 여기에 부산은 이미 암모니아 친환경에너지 규제자유특구, 해양모빌리티 규제자유특구 지정을 통해 해양 분야 친환경에너지 활용 연구개발 및 실증을 선도적으로 추진하고 있으며, 관련 혁신기관도 다수 보유하고 있다. 즉, 부산은 친환경선박과 수소산업을 집중 육성하기에 최적의 환경을 가졌다고 할 수 있다. 차세대 해양모빌리티 산업은 부산의 장기적 경쟁력 제고를 위해서도 집중 육성이 필요한 분야이며 이에 따라 부산은 세계시장을 선도하는 글로벌 리딩 도시로 도약이 가능하다.

글로벌 블록체인 특화도시

2019년 7월, 부산은 정부로부터 '블록체인 규제자유특구'로 지정을 받았다. '규제자유특구'라는 것은 지역을 단위로 해서 신기술 개발과 관련한 각종 규제들을 패키지로 완화해주는 그런 제도를 말하는 것인데, 이 특구지정을 통해서 우리 부산이 국내 블록체인 시장의 활성화와 기술경쟁력을 리딩할 수 있는 기회를 확보하게 되었다는 것은 큰 의미가 있다. 또한 올해(2024) 3월에 부산시는 한국인터넷진흥원, 부산테크노파크와 협약을 맺고 '블록체인 특화 클러스터 조성 사업'을 추진하게 된다. 부산이 블록체인 특구로 지정된 이후로 그동안 금융·물류·관광·공공안전 분야에 대한 실증사업을 해왔고, 또 부동산, 의료분야에 대한 실증사업도 진행해왔지만, 추진의 속도가 예상보다 빠르지 않았다. 그래서 이번에 '블록체인 특화 클러스터 조성 사업'을 통해 본격적으로 블록체인 산업 생태계 조성과 관련 기술개발 촉진 그리고 전문인력 양성은 물론이고. 협력 네트워크 강화, 혁신적인 서비스 및 솔루션 개발, 그리고, 글로벌 시장 진출 지원 등을 적극적으로 지원할 예정이다.

이와 동시에 부산디지털자산거래소도 블록체인 특구에 설립된다. 설립 시기는 올해 10월에 운영 개시를 목표로 추진하고 있다. 디지털자산거래소는 블록체인 기술을 활용해서 세상의 모든 가치 있는 실물자산을 토큰화해서 작은 단위로 24시간 편리하게 거래할 수 있는 거래소이다. 좀 알기 쉽게 설명하자면, 예를 들어, 사직야구장 재건축을 이 거래소에서 상품화한다면 시민들이 소분해서 투자할 수 있는 그런 구조가 만들어지고 또 시민들에게 그 이익을 나눌 수도 있는 그런 거래가 이루어지는 디지털자산거래소가 설립되는 것이다.

부산은 물류의 중심, 금융의 중심이자, 블록체인 특구를 가지고 있고, 또 이제 곧 부산디지털자산거래소도 설립된다.

민관산학연이 모두 힘을 모아서 관련 인프라도 조성하고, 또 민관 거버넌스도 잘 구축해서 관련 유력 기업들도 유치하고, 성장시켜서, 그들이 지역경제 성장에 기여할 수 있도록 유도하는 것이 정말 중요하다.

블록체인 기술은 혁신적이고 유망한 기술이자, 이미 다양한 산업 분야에서 활용되고 있다. 특히 부산은 블록체인을 중심으로 한 산업 생태계를 구축하고 발전시킴으로써 지역 경제의 성장을 이끌어내는 데 큰 계기를 맞이하고 있다. 민간기업과 정부, 학계가 협력해서 블록체인 기술의 적극적인 도입과 확산, 그리고 새로운 가치를 창출하고 지역 경제를 발전시키는데 힘을 모아야 할 것이다.

디지털 대전환

부산은 선도적으로 그린 스마트 도시로 나아가기 위해 디지털 대전환 기술을 산업 전반에 적용하기 위해 많은 노력을 기울이고 있다. 이러한 전환은 인공지능 및 양자 기술 등의 첨단 기술을 적극적으로 도입하여 부산을 대한민국 최대 스마트 도시로 발전시키는 데 중요한 역할을 한다. 특히, ICT 융합 콤플렉스를 운영함으로써 다양한 분야에서의 혁신을 촉진하고 있다.

또한, 관련 인재의 육성도 핵심적인 요소로서 부산은 매년 디지털 인재 2000명을 육성하는 프로젝트를 진행하고 있다. 이를 통해 부산은 디지털 분야에서 전문성을 갖춘 인재들을 양성하여 산업 발전을 이끌어내고 있으며, 뿐만 아니라, 산학 협력 체제를 구축하여 부산에서 양산된 디지털 인재들이 지역에 머물면서 좋은 일자리를 얻을 수 있도록 지원하고 있다.

이러한 노력들은 부산이 디지털 대전환의 선두주자로서 빠르게 성장하고 있는 모습을 보여주고 있다. 부산은 미래 지향적인 정책과 체계적인 계획을 통해 디지털 기술의 적용과 인재 양성에 주력하고 있으며, 이를 통해 지속적인 경제 발전과 혁신적인 도시문화를 조성하는 데 힘쓰고 있다. 디지털 대전환은 부산의 경제적 및 사회적 발전을 촉진하는 핵심 요소로 자리매김하고 있으며, 이를 통해 부산은 글로벌한 스마트 도시로서 빛나는 미래를 향해 나아가고 있다.

맺음말

부산은 아름다운 항구도시, 매력적인 여행도시로 세계적으로 이름을 떨치고 있다. 이에 머무르지 않고 미래 지속적인 도시 발전을 향한 도전이 필요한 때이다. 미래 신산업 분야의 과감하고 지속적인 투자와 혁신을 통해 지역 특성과 강점을 살린 전략산업을 집중 육성하여 발전시킬 때 비로소 글로벌 과학기술 허브도시 부산의 미래를 완성할 수 있을 것이다. 지역 내 혁신 주체들의 협력과 지속적인 연구개발을 통해 새로운 도약의 시대를 맞아 새로운 성과가 이루어지길 기대해본다.

오! 부산

유산으로 본 부산의 미래

ⓒ 2024, 상지인문학아카데미 Sangji Humanities Academy

펴낸이	허동윤
글쓴이	강동진 전성현 우신구 심상교 이순욱 장현정
	차철욱 유재우 이승헌 윤태환 홍순연 서용철
초판 1쇄	2024년 6월 27일
발 행	㈜상지건축
편 집	고영란
도 움	서동하, 김혜진
디자인	손유진
주 소	부산광역시 중구 자갈치로42 신동아빌딩 5층
전 화	051-240-1527~9
팩 스	051-242-7687
이메일	sangji_arch@nate.com
출판유통	㈜호밀밭 homilbooks.com

ISBN 979-11-6826-119-8 03090

※ 이 책은 제66회 부산광역시 문화상(공간예술 부문) 수상자로 선정된 ㈜상지엔지니어링건축사무소 허동윤 대표이사가 받은 시상금으로 제작되었습니다.